別傻了 這才是京都

單車・白味噌・五山送火～49個不為人知的潛規則

●都會生活研究專案——著
●許郁文——譯

KYOTO
京都ルール

序言

乍古還新，似淡泊又濃郁，既複雜又單純……。

京都擁有許多面貌，兼容並蓄是這座城市的個性。

觀光指南與旅遊節目裡的京都，既有「京風的喲」(方言)的大眾既定印象，也存在著自古以來當地住民之間那濃得化不開的人情義理；既有風雅的京都料理，也有堪稱「天一」(天下一品)的超濃厚拉麵文化；是時尚洗練的都市，卻也有「我們小鎮最美麗！」這種質樸鄉野的一面。究竟京都的真面目是什麼模樣？究竟哪一面是表面、哪一面又是其內在的性格？這座城市從不輕易展露它的真實風貌。那些「我不知道」的冷漠回答，常令人感到不安，因此京都人才會給人「聽不見真心話很可怕」「表裡不一的人(很壞心)」的刻板印象。

所以，消除這些成見與溝通障礙就是本書的重要任務。首先，我們要先解開隱藏在五里霧中「真實京都」的核心之一。

歷史。

「因為主題是京都，所以就要講歷史……這也太老套了吧！」這主題或許真會讓人有些失望，但絕對不容小覷。說實在的，若以其他著作《別傻了　這才是北海道》來比較，兩者差異可就明明白白攤在眼前了。

西元七九四年，自平安京誕生之後，京都就成為日本的核心而日漸繁榮，歷經多次變故與戰亂，在一八六九年遷都東京後而有了全新的改變。另一方面，北海道也於一八六九年正式開墾，我無意比較北海道與京都孰優孰劣，但北海道可由各地而來的居民一起注入多元的文化風俗，京都卻完全無法跟上這件事。京都（人）看似排外，但其實也僅限於大人的情況；畢竟，京都可是擁有長達一千二百年之久的歷史呢（有點小小驕傲）！

在如此漫長歷史之中遺留下來的事物或是新誕生的事物，即便乍見之下有些不合人情，但背後都有其意義存在。

因為京都人從歷史的浮沉看透了事物的變化，也從中了解死守著傳統只有死路一條，必須「早點尋求改變」才行。

說了這麼多，惟恐還是有所遺漏。建議您親自前往京都，或許會發現那些「壞心眼」也是一種趣味。希望本書能幫助各位讀者融入看似有些「撲朔迷離」的京都，並與京都人相處融洽；同時對京都人來說，也能藉由本書重新確認身為京都人的自尊與驕傲！

目錄　別傻了　這才是京都

交通篇

Kyoto Rules

街道篇

詞彙・人際關係篇

Kyoto Rules

生活百匯篇

Kyoto Rules

歡迎光臨
京都地圖
N
↑上行
↓下行
西行←
→東行
北區
貴船
鞍馬
大原
貴船神社是繪馬的發源地
大學集聚地，充滿學術氛圍。不妨走訪深山一趟
高野川
左京區
與市中心的氣溫相差1～2度
岩倉
比叡山
賀茂川
162
右京區
明明在左側卻叫「右」京區
西賀茂船山
西賀茂
上賀茂
松之崎西山
松之崎東山
炙餅非常有名
北山通
大北山
北山時雨是秋冬名景
京都巴黎聖母院女子大學
嵯峨鳥居本曼荼羅山
今宮神社
烏丸通
北大路通
白川通沿路有「天一本店」
嵯峨
下鴨
同志社
同志社女子大學
北白川
上京區

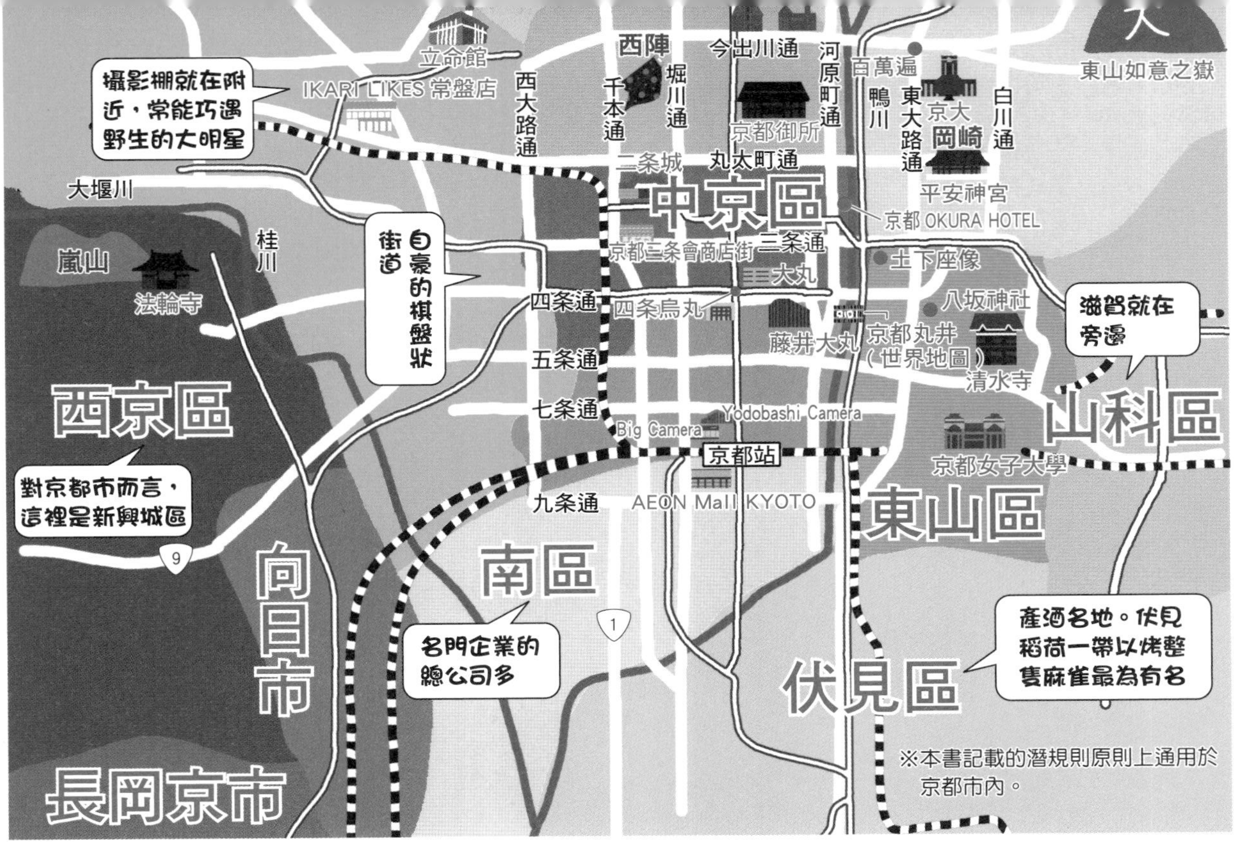

※本書記載的潛規則原則上通用於京都市內。

Kyoto Rules

交通篇

購物篇

食物篇

街道篇

詞彙．人際關係篇

生活百匯篇

潛規則1

單車如同雙腳

因環保意識高漲？因震災而無家可歸的難民問題影響？才不是咧，京都人早就將單車視為理所當然的交通方式之一，跟近來社會上的單車風潮可是毫無關係喔！據說（真的是據說），早在「應仁之亂[1]」的時候，就已經出現類似單車的交通工具！

京都是全日本屈指可數的單車進步地區。從都道府縣的單車普及率（每人平均擁有的單車數量。「單車統計要覽」二〇〇八年）來看，京都緊追在埼玉、大阪、東京首都圈之後，是不折不扣的第四名！就連二〇〇八年的京都市調查也發現，約有八成市民每週至少使用一次單車，其中更有三成是每天使用，而每家每戶約有六成擁有兩台以上的單車。如此高的單車普及率，其實與京都街道的特性息息相關。

①市內的地勢平坦（不過上行到北方的地勢稍微有點傾斜）、②市區半徑數公里範圍內都有消費據點與大眾交通工具、③多數的道路既狹窄又是單行道，所以開車不方便，諸如此類的因素。

鴨川沿岸整理成「風光明媚，可心曠神怡地騎單車」的環境也是一大因素。更棒的是，京都是三面環山的盆地，您若是不滿足於平坦地勢的單車愛好者，隨時都可找到坡道挑戰，稍微遠離市內還可騎上山道，來場山路攻略競賽。倘若只是單純想以單車代步，也可在路旁的中古單車店買到價格極為划算的單車，這不僅可保護自己的錢包，也能保護整個自然環境。若想向環保與小氣（？）的京都人看齊，第一步先物色一台單車吧！

潛規則 2

一定要當心暴衝單車與違法停車！

Kyoto Rules

單車如同京都人的雙腳，奔馳的單車就是京都的日常風景。正因如此，隨之而來的是違法停車的問題，但這裡所說的「車」，是單車的違法停車，而非指汽車喔！

老實說，大部分的在地人對「單車文化」都太習以為常，所以一直都不覺得「路邊隨便停車」有什麼問題……。

只要有幾台單車停在一起，那裡就是理所當然的停車場。

幾乎可以說，每個京都人都曾有過單車被拖吊的慘痛經驗，都有過前往難得會去的京都站南側、竹田站或十条站附近的車輛保管場領回單車的回憶吧！

實情確實如此，京都為了美化街景以及觀光客的安全，領全國之先，特別在單車的取締上投入心力（甚至市政府還設立了單車政策課）。

所以您若是初到京都的外地人，可得先學會避免單車被拖吊的麻煩，也得先了解單車停車場的位置，更好的做法是問問當地居民或店家哪些地點比較不會被拖吊。

若是打算騎單車上學或上班，記得勤勞一點，先一步掌握車站附近的停車場位置，尤其在搬家或大學入學的旺季，停車位置的爭奪戰可是非常激烈的喔！倘若實在無法找到車位，建議使用「Share Cycle Service」這項服務（會員共享多輛單車的服務，由民營團體或電鐵公司提供）。

除了停車問題外，還有一件值得注意的事，那就是暴衝單車的問題。

正如前述，京都的街道大多平坦，一不留神，車速可能會加快2～3倍，尤其在早上通勤的時段更要小心，因為會有不少學生與不要命的上班族從京都北邊以極快的速度疾馳而下，在京大（京都大學）附近的「百萬遍」一帶，常可見到單車差點互撞的場景！這真的很可怕，難不成單車大塞車這項名產從北京搬到京都了嗎……？

二条站附近的京都三条會商店街，在拱門、步道或是行人較多的街道都會設立「請下車牽著單車步行」的警告標語，可惜遵守的人實在不多，唉，京都明明這麼狹窄，怎麼還是有人耐不住性子在路上狂奔呢?!

倘若您對自己的反射神經不太有自信，或是正好牽著小朋友逛街，走在人行道的時候千萬別太過鬆懈，因為除了「注意汽車」之外，還得「注意單車」，這可是京都重要的交通潛規則喔！

我，神奈川太郎
是來京都念大學的
橫濱之子
最近愛上了於京都
當地成長的京美小姐，
皮膚白皙的她
氣質高雅，
是道地的京都美人
為了接近她，
我特地配合她的
上學時間，
一起騎腳踏車通勤
小鹿
亂撞
她的上學路線
應該會經過這裡……
是京美小姐！
就連
騎腳踏車也
好優雅喲！
啊～好想
把她的美麗
烙印在……
眼……眼裡啊
也騎太快了吧！！
咦
耶～
耶
耶～

潛規則 3

重要的公車系統
全都背得滾瓜爛熟

Kyoto Rules

假設您已融入京都的單車文化，接下來該做的就是將公車路線背起來。京都市內狹小的巷道很多，停車場也很少，所以不建議開車上路。

京都的地下鐵僅有烏丸線與東西線，其他雖然還有JR、京阪、阪急、嵐電（嵐山本線、北野線）、叡電（叡山本線、鞍馬線）、近鐵（就這些？），但每條線都得經過多次轉乘才能到達目的地，因此最方便，也最省錢的第二雙腳，就是京都的公車。京都家家戶戶大概都備有公車路線圖，而且就算是功課爛透的小孩，也能把住家附近的公車路線背得滾瓜爛熟。

接著就為大家解說一下京都的公車常識吧！

京都人最常使用的公車分成四種，首先是遍佈市內的市營公車，其次是大原這類北部地區與嵐山方向的京都公車，再者是京阪公車（山科等東部方向），最後則是京都交通（西京區或龜岡方向）。

市營公車是二〇〇多號的循環系統（橘底白字），另有分成藍底白字的公車（於同一路線往返）以及白底黑字通往郊外的公車。

搭乘時，得先確認目的地與行經街道（行經地點）。不過大前提是背熟①主要幹道的名稱（河原町、烏丸、堀川、西大路等南北大道與北大路、今出川、丸太町、四条、九条等東西大道）、②主要的十字路口（百萬遍、白梅町、円町、熊野神社前、洛北高中前）、③公車終點站的車庫（錦林車庫、MIPU）。

能夠將上述線索，與公車站牌旁邊擴音器播報的行經地點結合，再找出前往目的地的公車（或是否需要轉乘），才是道道地地的京都人！

公車達人可立刻說出：「這個系統是往這個方向」的重要資訊，例如系統號個位數是六的公車，多數會經過千本通，而往新丸太町通方向的公車是九〇號之類的資訊。

初學者一開始可先對照路線圖與公車時刻表下方的行經地點，一步步解讀出公車路線，大概就能搭上正確的公車。

如果打算在市內觀光，不妨搭乘行經名勝的洛公車（市營公車）或是在四条周邊循環行駛的循環公車（只在星期六與假日行駛）。此外，在京都站的八条口、河原町與東山區京都女子大學（俗稱京女）之間，也有充滿少女情懷的紅色公車——俗稱「公主線」的公車循環行駛。往同方向行駛的市營公車二〇六號通常會擠滿了觀光客，所以建議大家最好將這條公主線記起來（不過，車內通常滿是渾身充滿青春氣息的京女，大叔有可能會覺得渾身不自在……）。

搭乘公車的注意事項之一，就是在下車前先換好零錢，尤其進入觀光旺季，車內擠滿畢業旅行的學生或觀光客時，若您還慢吞吞地在車門附近換零錢，那些表面看似悠哉，個性其實很急的京都人可是會在內心暗暗不爽……。建議您不管搭車還下車，都要學著機靈一些，太掉以輕心可是會觸犯禁忌的喲！

煩躁
哐啷
哐啷
哐啷
煩躁
煩躁
好巨大的鳥居喲!!
好厲害!
哐啷
哐啷
哐啷
煩躁
煩躁
煩躁
好漂亮!
呃~
錢包到哪去了~
煩躁
煩躁
拜託妳買張公車一日券啊!
啊,只有一張
千元紙鈔~

潛規則 4

盡可能不要在市內開車

即便是平常以單車或公車為代步工具，假日也悠哉地待在鴨川沿岸享受生活的京都人們，與家人出門或約會遠行還是得要開車。雖然從京都往外延伸到琵琶湖、大阪、奈良或丹波的道路可以汽車通行，但千萬別以為能在京都的市中心開車喔！因為京都的大街小巷就如前述的狹窄，單行道又多得恐怖，停車場的位子小到難以停車，就算順利到達目的地，光是停車與下車就得大費周章，容易令人掃興而歸。

更何況猶如F1賽車的計程車，在路上狂飆也大大影響京都的交通。他們的開車技術可真是天下一絕（!?）。明明等紅綠燈的時候是雙線道，但起步後，這些司機在不知不覺之間就將雙線道變成三線道，一打方向燈就立刻變換車道的速度令人嘖嘖稱奇（?）。別說新手司機跟他們一較高下毫無勝算，普通人看到更是嚇都嚇壞了！

但是！若您是車上的乘客可就相當的吃香，因為在交通總是壅塞的京都市內，哪個時段、哪條路會塞車，哪條路才能抄捷徑，當地的計程車司機早就胸有成竹，所以連當地居民也常以計程車代步。

話說回來，外來人士只是搭計程車在京都市內逛逛，就以為能成為道地的京都人？開什麼玩笑，十年後再說吧！先學會什麼是不奢侈、不焦急，每天力求謹言慎行再說吧！

潛規則5

必須習慣春季與秋季的公車總是爆滿

Kyoto Rules

春季賞櫻，秋季品楓。

京都，常因喜好古都自然之美的觀光客，以及對寺廟、楓葉毫無興趣、只是到處走馬看花的畢業旅行團而人馬雜沓。

若您陷入這一片歡樂氣氛而不自覺地跟著湊熱鬧，那代表您還無法擺脫「外來者」（京都人口中說的外人）的身分。

的確，即便是京都人討厭的「不識相的人」，也知道這時候不該跟著湊熱鬧。

尤其是八坂神社、清水寺等觀光名勝，或是通往京都大學的東大路通，更會在觀光旺季陷入嚴重的交通癱瘓狀態，有時候一公里的車程可能得花上一小時，計程車也不會在這個季節靠近這些名勝景點。

原本就開得很慢的公車此時更是以龜速前進，尤其在有金閣寺等觀光名勝的立命館大學周遭，經常可以看見遲到的公車接二連三地出現。

或許你以為到了晚上，原本打結的交通就能得以紓緩，但根本不是這麼一回事，因為此刻想參觀華燈初上的神社或寺廟的人們，正準備將整個街道擠得如同慶典般熱鬧，此時若帶小孩上街，小孩肯定會走丟。

因此，要注意千萬別接近這些主要的觀光地區。

想要在京都移動自如，就請先掌握公車路線，或以計程車與單車代步，甚至乾脆步行，倘若不得已得開車上路，也請避開交通壅塞路段，千萬別讓自己陷入單行道的陷阱裡。若選擇較不為人知的小路通行，這時候絕對需要準備一張標註所有單行道方向的地圖。

「哎呀呀，又是這個季節了呀～」，請您按捺住內心這份煩燥，以寬容的心溫暖地守護觀光客們，因為他們可是非常重要的貴賓（一群會把錢灑在京都的人）……。

總之您得記住，能在此時冷靜而沉著地行動，才能稱得上是道地的京都人。

Kyoto Rules

交通篇

購物篇

食物篇

街道篇

詞彙．人際關係篇

生活百匯篇

潛規則6

很少去四条以南的地區

位居京都中心街道的四条通已榮景不再，繁華軸心逐漸往京都車站移動了嗎？二〇〇六年ＪＲ京都伊勢丹百貨開店之後，媒體不斷地暗示軸心的位移，但事實上當地居民的購物、餐飲廣場至今仍未有太大的改變，最為熱鬧的地區仍是京都第一的繁華街，也就是四条河原町到四条烏丸這一帶。不過，這一帶因政府機關要地而繁榮了近一千二百年，之間多次體會舊勢力的沒落與新興勢力的抬頭，既便只是一點一滴，新舊勢力的消長都會牽動人心……。

舊勢力重回檯面的證據之一，就是百貨公司「大丸」的變身。該店於一七一七年，以京都伏見的吳服屋[2]「大文字屋」起步，地位如同東京的三越百貨，得到廣大的中高年齡層支持。面對眾家百貨業崛起，在二〇一〇年，大丸決定背水一戰，擴建適合年輕女性的洋服賣場與平價的雜貨賣場，誓言要奪回被高島屋百貨搶走的年輕消費族群！

四条河原町的阪急百貨未能因應潮流變化，於二〇一〇年陷入倒閉危機，最終只能被丸井百貨收購，唯一留下的是該店過去的象徵地標，也就是掛在入口旁的「世界地圖」，而這一切也恰恰證明了盛極必衰的世間無常之道（!?）。

置身於百年老店割喉戰之外，另闢蹊徑打開一條生路的是藤井大丸百貨。藤井大丸百貨不僅是百貨地下街的先驅，也邀請「UNITED ARROWS」服飾與「JOURNAL STANDARD」等超人氣複合式品牌進駐，因而得到年輕消費族群的支持。最近持續增加的是三条通的複合式品牌店，購物重心逐漸從四条延伸至三条一帶，看得出有向北擴張的趨勢。

晚上的飲酒街也陸續轉移陣地。昔日的飲酒街中心為木屋町與先斗町，而如今的木屋町已從適合學生消費的平價居酒屋，轉換成有酒店小姐陪侍的酒店，其地位相當於東京的新宿，不可否認的，從某段時期開始，這地方就籠罩著逐漸敗落的氛圍。先斗町的情況與祇園區相同，料亭與茶屋都擁有一定的忠實顧客，但某些由民家改建而成的山寨店舖竟也得到顧客的青睞。相較之下，從三条到四条這一帶的御幸町通附近，則多出許多適合年輕人消費的義大利餐廳或時尚咖啡廳，夜晚的繁華街道正一步步地朝西邊與北邊延伸。

二〇世紀盛極一時的電氣街——寺町通在進入本世紀之後，就被Joshin Midori這股關西勢力所取代，而當位於京都站附近的Big Camera、Yodobashi Camera誕生，與關東軍的新激戰也隨即爆發，以下犯上的戲碼儼然上演。JR京都伊勢丹因位於車站大樓之內而備受觀光客青睞，在囊括近鐵百貨的顧客後，又以「伊勢丹＝外人」這種「來者是客」的姿態獲得京都人支持，但仍無法鯨吞所有舊勢力而稱霸天下！京都市內第一座大型購物中心AEON Mall京都也加入戰場，京都這場悄悄展開的購物戰國大戲，今後到底會如何演變呢？

我是京江戶子4，故鄉在東京
＊如今因工作而住在東京
土生土長的京都人→
就讀京都大學時期認識的男朋友（後來成為老公）之間的小插曲
你看，這裡開了間新的咖啡廳耶
看起來很可愛，下次一起去嘛
這種店完全是虛有其表，跟老店完全沒法比，不去不去
……
熱水瓶壞掉了……
記得以前寺町通是電氣街的說……
像東京秋葉原
還沒煮開……
不對！現在要買電器就得去Yodobashi Camera！
那可是最近才新開的店耶，去那裡買好不好？
而且還是連鎖店
好不好啦，一來還沒去過，二來先去了再說嘛！
好是好啦…去就去…

潛規則7

超市就是IZUMIYA與FRESCO

Kyoto Rules

京都的大型超市不多，主因是受市政府的景觀政策所限，每個區域的建築物高度、容積與建築面積都有嚴格的規定，因此京都居民最常去的就是迷你超市。最近於京都市內積極展店，同時於滋賀與大阪設立新店的本地型超市FRESCO，從早期就以二十四小時營業的方式經營部分店鋪，因具有超市的價格優勢，能與便利性極高的超商展開價格戰，可說是迷你超市風潮的引領者。

除了FRESCO超市，其餘超市還包含松本、大黑屋、大阪系的IZUMIYA，SUN PLAZA、以及位於下鴨一帶以高級超市聞名的Bouquet de Chef、Friend Food。東映攝影棚附近的IKARI LIKES常盤店（神戶的高級超市IKARI系統），曾有藝人開著賓士車前往消費。另一方面，京都三条會商店街與新大宮商店街這些早期的商店街也還在奮戰當中。

此外，到超市可得仔細地逛逛各處賣場，通常都能買得到京都人餐桌必備的京野菜、大瓶裝的薄口醬油[3]、裝在超大袋子裡的御番茶（放在茶壺裡煮的茶葉。烹煮時會有焦油味，所以有人喜歡、有人討厭）、超大塊的油豆皮、用餐結束時必吃的醬菜（醬菜的賣場無敵大）。熟食賣場也會出現炸牛排（京都人超愛吃牛肉），以及三角形（不是圓柱狀）的豆皮壽司，這才是道地的京都味道。

若想體驗何謂道地的京都日常，就請到當地的超市走一趟！在那裡應該可以實際地品嘗到什麼是京都人的「日常三餐」，而非到那些專門招待觀光客的「高貴」京料理。

潛規則 8

怎麼可能在店前排隊

「聽說有家店很受歡迎，門前大排長龍耶，要不要去試試看？」

這可是一句絕不能用來邀請京都人的話！

否則你很有可能會被擺臭臉，若正值炎炎夏日，即便京都人口裡不說，心裡恐怕在喃喃碎念：「你是笨蛋嗎？天氣這麼熱，排什麼隊啊？」

京都是名店林立的觀光聖地，所以招來長龍般隊伍的店家還真不少，但隊伍裡的成員大多是觀光客或畢業旅行的學生，不然就是住在京都卻非京都土生土長的學生。

那京都人的情況又如何？大概就是擺出一派輕鬆的神情從人龍旁邊走過，邊走還邊說：「特別來排隊，觀光客還真是辛苦啊～」這才是京都人會做的事。

他們討厭排隊的理由主要有三：

首先，他們向來對「等待」這件事不甚耐煩（很急躁）。

或許提到京都人，大部分人聯想到的都是優雅、悠閑等形容詞，但實情還真的恰恰相反，他們與全日本公認走路最急的大阪人一樣，都是急驚風的性子（不過京都人很討厭被拿來與大阪人比較就是了……）。

再者，他們不喜歡去那些「觀光客愛去的京都山寨名店（趕流行或虛有其表的店）」。

倘若他們會去這些名店，大概都是被外地的朋友拜託帶路才肯去的。

說得更仔細一點，他們的自尊不允許明明住在京都的自己，得跟觀光客一起排隊。

最後一點，就是他們不願背叛「常去的老店」。

成為熟客之後，買的其實是「安心」的感覺，有時還能得到「店家貼心的對待」，這也是愛面子的京都人所難以抗拒的原因。

因此，看到大排長龍也當做沒看見，或是在打烊的時候才去，又或者繞過人龍從後門進去，跟店家先拿東西，之後再來付款，才算是正港京都人的作風。

我是土生土長的東京人，與在京都的大學認識的老公，到很久沒來的京都玩
那間日式甜點店也有在大丸開店耶！好多人在排隊喔～
大排長龍～
和菓子の○○
會在那邊排隊的不是土包子就是觀光客啦！
是喔～可是我好久沒吃了耶！
是喔？那誰要去買？……
可是，我很討厭排隊耶！
不好意思，我待會會回來，可以幫我先留一份嗎？
後門的工作人員
有夠愛耍小聰明的耶！

潛規則 9

考慮到最後通常不買

Kyoto Rules

京都人在京都HOTEL（現京都HOTEL OKURA）興建之際，曾超級反對將這棟旅館蓋成高樓大廈，卻在蓋好之後呼朋引伴前往參觀。只不過……京都人都把錢包守得緊緊的。

這份對錢的慎重與嚴格的形象控管也反映在日常的購物上。接下來就讓我為大家呈現京都人最常出現的購物情景吧……。

「這個不錯，那個也很好。可以把它們都拿出來讓我看看嗎？」

（5分鐘過後）

「剪裁都很不錯，但是不知道該選哪個顏色……」

（5分鐘過後）

「好看是好看，但好像不太適合我，今天就算了吧！」

（試穿了一堆衣服，卻什麼也沒買就回家……）

「考慮這麼久卻不買嗎？」旁邊的人可能會覺得挨了一記悶棍，心臟弱一點的人可能會羞愧得假裝不認識，但在京都，這可不算什麼稀奇的光景。

在大阪的電氣街「日本橋」附近，常可見到「接下來要算多少錢」、「有沒有什麼附贈品呢？」這種討價還價的場景，看得見店員與客人之間激烈的喊價戰，絕不可能有到最後斷然放棄的可能性。

京都人的作風也一樣，「為了以合理的價格買到好東西」，花再多時間與勞力也在所不惜。但是，如果覺得「高價的東西＝好東西」，就衝動地「裝闊」買上一大堆，就很可能被貼上「不懂分辨價值的暴發戶」的標籤。

因此，日本三大小氣鬼集散地（大阪、京都、名古屋）之中，京都人雖不會像大阪那樣露骨地問：「這個多少元你才賣？」，卻會不辭辛苦地尋找所謂「物美價廉」的東西。就連知名甜點或醬菜的NG商品，京都人也非常喜歡呢！

正如「惜物」這個字眼自古扎根於京都腔一般，京都一直保有著物盡其用、珍惜事物的文化。

不過，京都人平常雖然節儉，卻會在某些地方花大錢，從「京都人狂愛買和服」（源自在特殊節日狂買西陣或友禪的和服）就可略知一二。唉呀，這一切都是他們死要面子的證明……。

總而言之，他們買東西一定要反覆看三遍，每次最少端詳五分鐘。

除此之外，他們還會一直反問自己：「這東西真的需要嗎？」，如果有任何疑惑，絕對會抓住老闆或店員盤問個詳細，幾經煩惱之後，到了第四次左右才會委婉地說：「嗯，該怎麼辦才好呢？」最後才肯把東西買下來，這就是京都人的習性！只是最最最讓人覺得不可思議的是，大概有一半以上的京都人還是會在煩惱這麼久之後放棄不買……。

我是一位新銳陶藝家
為了試試自己的手藝
於是嘗試在藝術鑑賞
品味高的京都開店
這個顏色跟形狀都很不錯耶！
中了！好兆頭
覺得不錯的話，買回家如何？
2天後
不好意思 這個真的很不錯～
令人讚嘆呢
您慢慢看，別客氣喔～
這位是「會買」的客人
1週後
啊，這個還在啊！
這個真的很不錯，我很想要呢！
……
之後……
是怎樣啊！因為我是東京來的就一直戲弄我嗎？
不是，在京都這很正常
現身

潛規則10

不可能輕易背叛世代支持的店家

Kyoto Rules

京都人購物的毛病之一就是太過慎重，完全不想踩到地雷。雖然他們常被戲稱為「SHIBU」（京都腔的小氣鬼），但事實上，京都消費支出中的餐費佔比，可是居於全國之冠。這主要是因為他們不太願意背叛「長期支持的店家」。

在物超所值的新商品陸續問世的時代裡，隨時都可在超市或便利商買到好東西，但對京都人來說：「純手工伴手禮的甜點就一定要跟○○家買」、「豆腐就要跟○○家買」、「醬菜就非○○家的不可」，縱使這些商品比行情貴一些，他們也不肯輕易地背叛長期來往的店家與在地的商店街。以「說到日式甜點就非京都莫屬」這句話自豪的京都人，不管老少都對日式甜點有著相同的堅持與選擇，例如紅豆大福就得買「出町雙葉」，金平糖就非「綠壽庵清水」（日本唯一的金平糖專賣店）。此外，若是提到「松風」（摻有白味噌的日式蜂蜜蛋糕），京都人大概會說：「我家世代都是龜屋陸奧的忠實顧客」吧！

因此，就連推廣至全國的紅豆餡生八橋「OTABE」，就因為是晚近才發明的甜點，直到現在還無法為在地人所接納。而今宮神社前雙戶並立的甜點小舖——「炙餅」，也分成「飾屋」與「一和」兩派，而且兩方的死忠顧客都不會輕易變心。「改良炙餅（？）」是種趕時髦的產物！一旦「世代交棒後（店面大肆擴張）」，味道也會跟著改變」的傳言若是流傳開來，就得背負一定程度的風險……。這就是京都的傳統商店街，也是京都人嚴格的一面。

潛規則11

有些店家無法確定創業幾年

Kyoto Rules

平常的購物需求可於Fresco解決，某些愛用品就到長期往來的店家購買，這就是京都人的習慣，而選擇店家的關鍵字之一就是「老店」。

眼光嚴格是京都人的特色，所以正如前述，掛起暖簾（日式招牌）就想做生意的店家是無法在京都存活的，只有攻守兼備且真誠以待的店家才得以存續，而這些歷史悠久的名店也是因為這個原因才延續至今。

但是，在京都打出「百年老店」的名號絕對不夠響亮！例如以昆布產品聞名的松前屋，是元中九年（西元一三九二年）創業的，換算之下，居然擁有長達六百年的歷史；以蕎麥麵闖出名號的本家尾張屋，則是於寬正六年（西元一四六五年，應仁之亂前兩年）創業，而且他們還將在江戶或明治時期創業的店家列入「最近才創業」的範疇。這些都是真的，我可不是在開玩笑喔！

剛剛提及的兩家店分別被「京都商工業創業年代排行」列為東西兩大橫綱[5]，但京都還有另一種排行榜，就是「京都老店創業排行」。

這個排行榜的東橫綱是以炙餅聞名的「一和」，創業時間為長保二年（西元一〇〇〇年），而位居西橫綱的「田中伊雅佛具店」則是於仁和年間（八八五～八八九年）創業！創業歷史長達千年之久，卻無法確定到底是哪一年創業……？這部分也算是京都老店的常態。

此外，許多京都老店都被選為「御用店」（服侍皇室的店家）而享盡榮華。這些老店，絕對是西元七九四年平安京設立之後，眼見京都成為日本中心而盛極一時的見證者。

但是隨著一八六九年明治政府將首都遷至東京後，天皇隨即移駕東京，而原本進出御所[6]的御用店或達人們也被迫做出苦澀的選擇，到底是要留在京都？還是要將根據地移往東京？選擇後者的店家之一，包括以羊羹名聞遐邇的「虎屋」（西元一五〇〇年創業）。很多人因為虎屋的總店在東京，就以為虎屋是源自東京的公司，但其實發源地是在京都。

在遷都東京之後，京都的觀光色彩越來越濃烈，一時之間，許多京都人都對遷都東京這件事非常反對，也擔心京都會因此衰退，或許是有鑑於此，才會產生明治天皇在離開京都時說：「我去去（東京）就回來」，最後連「遷都詔書」都沒發佈的奇妙歷史。

「天皇陛下只是暫時借給江戶而已（總有一天會還給京都）」的說法，之所以一半玩笑，一半認真（？），或許也是因為這個原因吧！

「天皇陛下被借走」的說法聽起來像是某種玩笑，但歷史的重擔（怨恨？）卻比想像中來得深沉……，你要是有膽買虎屋的伴手禮送京都人，最好別不識相地補上「這是東京名產，聊表在下心意」這種天真無比的旁白喔……。

Kyoto Rules

交通篇

購物篇

食物篇

街道篇

詞彙．人際關係篇

生活百匯篇

潛規則12

不許出現「京風」這個字眼

聽見「京料理」三字，您會聯想到什麼？會是「味道清雅，顏色淡薄……」嗎？一半正確，一半錯誤，京料理的顏色的確淡薄，但那是以薄口醬油代替濃口醬油的關係。正如京都腔裡的「味無(ajinai)」(沒味道＝不好吃)，京都人意外地喜歡濃厚滋味的料理。儘管料理的外觀看似平淡，但口味卻是出乎預料的濃膩，可見如京都人雙面人般(?!)的個性，才是京料理的真面目。

有一種料理可讓您充份體驗何謂京料理的超濃厚滋味，那就是京都拉麵。呃……在繼續說下去之前，我要請您注意，剛才我說的是「京都拉麵」，而不是「京風拉麵」。

現在受到全國民眾愛戴與支持的，是屬於豬背油(為了讓湯頭更為濃郁而加入大量豬背油)的超濃厚味拉麵，銀閣寺的「MASUTANI」即是這類拉麵的代表之一。於一九三八年創業，同時被譽為京都拉麵始祖的「新福菜館」，則屬於濃厚醬油口味，其湯頭的顏色黑得驚人，味道也帶有獨特的苦味，若從京料理給人的印象來看，這種拉麵簡直就是異端。在此之上還有「天下一品(天一)」以及「天天有」這類味道濃重的店家。如此看來，世間(京都之外的地方)所知的清爽口味醬油(鹽)風味的「京風拉麵」，說到底只是源於外地人們對京都的想像而產生的拉麵。所有京都人都知道「京風，全然與京都無關」。請您務必記得，要想體驗真正的京都風情，就絕不能從所謂的「京風」著手，否則肯定會得到錯誤的認知。

潛規則13

「天一」與「王將」都是無可取代的名店

Kyoto Rules

移居其他地區的京都人，通常會罹患一種定期發作的老毛病——「天一禁斷症」。

為了體貼對京都完全不熟悉的超級入門者，讓我們先談談「天一」是什麼。所謂「天一」指的是源自京都的拉麵名店「天下一品」，這家拉麵的最大特色在於將雞骨頭與蔬菜煮到軟爛，讓湯頭轉為白濁濃郁，甚至還出現「將碗公倒蓋，湯頭也不會滴落」的說法。因此，可以說這家拉麵的湯頭不是用喝的，而是京都人喜歡的「勾芡烏龍麵」風味，吃起來就像是湯頭巴在麵條表面的口感。

這家拉麵的口味是如此獨特而濃烈奔放，雖然不愛這味的就不愛，但對從小就習慣這款味道的京都人來說，簡直就是撫慰心靈的靈魂食物。或許是因為體內的血液有幾成是天一的湯頭（？），所以每過一段時間就會發了瘋地想念天一的味道。

以下幾點是京都人犯了癮頭時的注意事項：

第一點，當京都人說「好想去天一啊～」的時候，不代表「他們想吃拉麵」。「天一」就是「天一」，無法被其他家的拉麵取代，所以絕不能在此時回答什麼「想吃拉麵的話，車站前就有家很有名的拉麵店喔」！

第二點，不是每家天一都能滿足京都人的嘴饞。每間天一的味道與濃厚度都有些許不同，所以天一的愛好者也各有所好。天一的精神象徵是位於左京區白川通路旁的「總店」，因此自稱是天一的忠實粉絲就至少得到「總店」朝聖一次。

第三點，在「濃厚」與「清爽」兩種口味的拉麵裡，唯有選擇「濃厚」才是正解。

若是某天有幸讓京都人帶你去天一，可千萬別說：「最近胖了不少，今天來點清爽口味的拉麵」，那可是失禮到極點的發言。要去天一，就不該在乎代謝症候群的問題。只要肚子還有空間，最好也要點一碗白飯，佐上濃厚的湯頭大快朵頤，才是京都人眼中的正確吃法。

就連以煎餃聞名的「王將」也一樣，每位京都人心中都有自己專屬的店家。煎餃早已成為京都的風土民物之一，京都人於煎餃支出金額僅次於宇都宮、濱松，排名全國前三名，所以就算住家或公司附近有王將的店，他們也會因為「這家店不行啦，要去那家才好吃」的執著而不肯稍有將就妥協。

當然，重視節儉的京都人對於「價錢」也非常嚴格。京都人一定隨身攜帶「王將的折價券」。挾在報紙裡的王將折價券一定會收進錢包裡，以備某天突然想吃王將的不時之需。

每當報紙裡挾有王將折價券，那天就是以外帶煎餃充當晚餐的日子。因為京都有很多經營小生意的家庭，大多數菜色都能外帶的王將自然就成為主婦忙碌時的最佳幫手。

總而言之，「只有味道淡薄可不算京都風格」！想要了解京都的飲食文化，要想融入當地居民生活，首先從京都人最常去的「天一」與「王將」下手吧！

我是來自東京的江戶之子
這是與京都長大的老公之間的小插曲
在東京
大排長龍
古野屋
牛丼折價50元
的確…
不過才折價50元有必要為牛丼排成這樣嗎？
真是愚蠢至極！
換到京都
太好了！我們去很久沒去的王將吧！
咦？明明東京到處都是王將的店啊！去其他店嘛～
妳這個小笨蛋！
別把東京的王將跟京都的相提並論！京都每間王將可是各有不同的味道與滋味的喲！
我們每個京都人
一定都有心目中最愛的王將喔！
你看！我還有王將的折價券咧！
鏘鏘
餃子セット
50円引
明明就跟那些排牛丼的人同一副德性……

潛規則14

油豆皮不叫油豆皮，要尊稱油豆皮先生

Kyoto Rules

京都人絕少不了的另一項靈魂食物就是OAGESAN[7]（油豆皮先生）。可別小看這項油炸食物，油豆皮在京都的存在感之大，從其體積就能略窺一二。京都的油豆皮雖然沒有坐墊那麼大，卻也是尋常油豆皮的兩倍大，而且也很厚。或許是因為又愛又敬畏的心情，京都人才特地在油豆皮的稱呼加上「O」（御）與「SAN」（先生），讓油豆皮聽起來更有派頭。

油豆皮是種烹調方法多元又百搭的食物，除了直接煎煮之外，還可以放進烏龍麵裡；也可以和西洋菜或白蘿蔔一同炊煮（也就是油豆腐燉菜），還能代替咖哩烏龍麵裡的肉。當地的食堂甚至出現了在切成條狀的油豆皮表面淋上蛋汁的在地丼飯——「衣笠丼」。

油豆皮如此受歡迎，主要受到京都的環境影響。在過去冷凍技術尚未發明時，離海甚遠的京都以蔬菜為主要飲食，也因為精進料理[8]與茶懷石料理十分發達，能否巧妙地烹調蔬菜或豆腐製品，端賴料理人的手藝，百般雕琢演變到最後就成為所謂的京料理。即便只是家常菜，最能展現如料理人手藝的食材就是油豆皮了。只要將油豆皮放入湯裡，湯面隨即浮現油脂，湯頭也立刻變得濃醇，可說是一種非常方便的食材。也因為京都的水很好喝，所以豆腐才成為美味的名產。油豆皮的外觀雖然平凡，卻是京都重要的配料食材（No.2是「小魚乾＝吻仔魚魚乾」）。如果想讓自己更像京都人，不妨在冰箱裡存放一片甚至二～三片油豆皮；手邊沒有任何食材的時候，還懂得利用油豆皮與剩下的蔬菜煮出油豆皮燉菜，就算是合格的京都人了。

潛規則15

御雜煮要用白味噌

在此，要向最近與京都人結成夫妻的人忠告一件事：若不想在新年就吵架，事前最好先討論「雜煮」[9]的作法。各地區都有各具特色的雜煮，在形式與配料的大小上也都不一樣，但，京都絕對是圓形年糕搭配白味噌的煮法，而這就是京都傳統的雜煮形式。配料大概有小顆的芋頭、白蘿蔔與金時胡蘿蔔，上頭再撒一些輕飄飄的花柴魚片；煮到軟綿的年糕（不先烤過，直接煮透）拌著甜膩的湯汁一起吃，鍋底只剩融到不成形的年糕，這是最符合京都新年的廚房即景。最重要的，就是絕不能忘了將配料切成圓形。圓形的配料藏有「急事緩辦，凡事圓滿」的寓意，這也是人際關係有如「千絲萬縷」般的京都人才有的顧慮與心思。

除了御雜煮之外，京都人很常用白味噌，最常見的就是在甜點加白味噌的作法，舉例來說，新年會吃的花瓣餅就是其中之一。花瓣餅是一種在軟綿綿的麻糬裡填入白味噌與牛蒡的日式甜點，據說在距今六百多年前，御所就將它當成雜煮的年糕來食用。這種白味噌又被稱為西京味噌，擁有非常悠久的歷史，根據本田味噌老店表示，西京味噌的歷史可回溯到江戶時代，丹波杜氏的第一代預見了製麴的未來性，於是將味噌獻給宮中，明治維新後開始於市面販售；當時的江戶稱為「東京」，京都因位於西方，所以被稱為「西京」，這款味噌才被命名為「西京味噌」。真不愧是京都，就連味噌也蘊藏著悠久的歷史。為了體貼身為京都人的另一半，請大家記得用白味噌來煮雜煮，這可是一條通往圓滿家庭的捷徑喔！

潛規則16

提到狸貓就想到淋芡汁

烏龍麵，不對，若用京都人的口吻，應該說成「御烏龍麵」才對，這種看似日常的餐食，在京都也有特別的吃法與規矩。首先要介紹的是狸貓烏龍麵（TANUKI）。在關東一帶提到狸貓烏龍麵，大部分是指在烏龍麵上面鋪一層天婦羅麵衣，但場景換到京都，卻是指在切成細條的豆皮淋上葛粉汁的烏龍麵，而鋪著天婦羅麵衣的烏龍麵又被稱為「洋風烏龍麵」（HAIKARA）。此外，沒有油豆皮的烏龍麵又被稱為「勾芡烏龍麵」，配料只有薑泥，最常在寒冷的冬季食用。

接著介紹的是狐狸烏龍麵。京都與關東都使用油豆皮當配料，但在京都提到狐狸烏龍麵，指配料未經調味的「切條豆皮烏龍麵」（將甜鹹的油豆皮直接放進麵湯裡，就稱為甜狐狸烏龍麵）。

順帶一提，大阪將配料為滷得甜鹹的油豆皮烏龍麵稱為狸貓烏龍麵，是不是很錯亂呢？

在凡事講究的關西一帶，烏龍麵的分類也是如此複雜，但完全不可妥協的一點，就是使用昆布熬煮的淡雅高湯（麵湯）。京都人根本無法想像關東那看不見麵條的深黑湯色到底是怎麼一回事，而且京都人也以軟綿的細麵為主流（拉麵當然也以口感軟綿的麵條為主）。會問「麵條爛掉了吧？」這種問題的人，絕對是完完全全的外來客。

如果想在家試作京都風的烏龍麵，不妨直接在超市買整包的「富美家」烏龍麵，因為它的麵條、高湯以及配料都是配好的，可以讓您輕鬆體驗何謂京都的烏龍麵。

潛規則17

一到6月30日就下意識地想吃「水無月」

Kyoto Rules

「水無月？是指六月吧？」

嗯，很遺憾……這種程度還不能算得上是真正的京都人……。

一進入六月，京都每間日式甜點店都會掛上寫著「水無月」的招牌，但若要解釋水無月到底是哪種日式甜點，那就是外郎糕鋪上紅豆的三角形甜點。

平安時代的時候，水無月是一種為了讓皇宮內部與殿上人[10]消暑，而模仿冰室冰塊（庶民可望不可求的高級品）的甜點；當時各地的神社為了掃去半年分的穢氣，會在六月三十日舉行「夏越大祓」祭典，也會為了淨化邪氣而吃這種甜點。

話雖如此，許多人在小時候並不知道這個典故，也不覺得母親那天買回來的水無月特別好吃，但是自幼就深植腦海的印象難以抹滅。許多京都人一見到店面寫著「水無月」的招牌，就想到中華料理店的「中華涼麵開始銷售」，然後自動自發地去買來吃，簡直就像是巴夫洛夫古典制約中的狗，這項習慣幾乎已經成為京都人身體裡的DNA。

除此之外，能讓京都人食指大動的甜點，包括稚兒餅與若狹香魚等隨祇園祭推出的夏季點心，以及秋天才能吃得到的茶點「松風」（請參考第四十三頁）、九月的月見糯米丸子，還有新年甜點「花瓣餅」。京都，光從日式甜點店的招牌就能看見季節的更迭。如果想要更像京都人，就必須提昇對「日式甜點」的敏感度，那麼肯定得去日式甜點的店面好好見習一番。

潛規則18

都在學生街吃過大胃王挑戰料理

Kyoto Rules

京都還有一種絕不可錯過的食物，那就是以學生為目標族群的B級平價美食。以觀光客為目標的高級餐廳、重視份量與價格的學生餐廳以及用免費小菜招攬學生的學生街可同時並立，可是京都才有的特色。

天一與王將也被歸類在這個類別裡，若提到免費小菜，想必很多人會懷念「新福菜館木屋町店」已經不再提供的「吃到飽水煮蛋」。年輕人光是一碗拉麵就吃八～十顆水煮蛋是很常見的事，或許其他地方的人覺得會造成店家的困擾，只有京都會默許這種行為發生。

此外，大學（社團）會在固定店家聚會也是京都的特色之一，比方說京大生在百萬遍附近的聚餐地點就非「KURESHIMA」莫屬（有學生價！）

在京大附近的「富士摩登燒」，則以點綴鳳梨等熱帶水果的摩登燒、香醇濃郁的起司鍋摩登燒，以及超過一百種以上風格特異的菜單而聞名（由打工人員發明的「闇鍋摩登燒」也是其聲名大噪的理由）。

至於什錦燒，同志社大學生喜歡去河原町的「KURENAI」，這家店最有名的是巨無霸亞馬遜雨林什錦燒。立命館、洛星、京都學園、山城高校的御用店則非「JUMBO」莫屬。

河原町的什錦燒名店「小春」，雖然已經倒閉，但過去因平價而得到口袋沒什麼錢的學生與重考生的支持。位於今出川附近的「松乃家」，則因招牌超大碗豬排丼而成為體育系學生愛戴的名店。

此外，最常被選為迎新餐會地點的就是木屋町的大箱系居酒屋「SAZANKATEI」。而大家約定俗成的集合地點，就是京阪三条的「土下座[11]前」（江戶時代武士高山彥九郎的銅像。其模樣看似跪著，所以如此戲稱）。

其他還有七〇年代的居酒屋「地球屋」（最有名的是以衛生筷打開啤酒瓶蓋子的表演，以及在直徑超過三十公分的盤子上裝滿烏龍麵的料理），這家店從以前到現在，都以平價的料理與獨特的氛圍受到學生們的歡迎。

還有一些不是以學生族群為主力，卻也是值得記下來的懷舊名店，例如以薄肉排飯（將肉排與咖哩放在炒飯上的料理）聞名的「Kitchen Gon」，以及以雞蛋三明治（放了四顆雞蛋製成的玉子燒）闖出名號的「KORONA」（可惜已於二〇一二年二月停業），另外「KARAHUNE珈琲店」、「François」或「HONYARADO」，也都很值得一去。

對於在京都度過青春歲月的人們來說，這些名店都能輕易地勾起他們的懷舊感動：「啊，以前好常去這裡啊～」若是將這些名店當成聚會時的話題，肯定能讓現場的氣氛瞬間熱鬧起來。

<富士摩登燒>的熱帶水果摩登燒

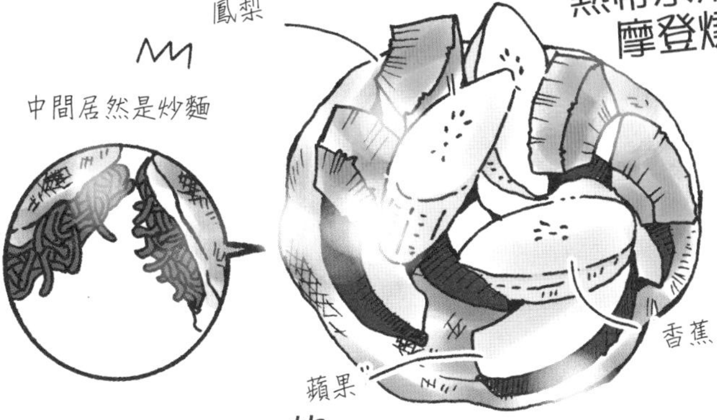

<Kitchen Gon>的薄肉排飯

炒飯＋肉排（豬或牛）＋咖哩

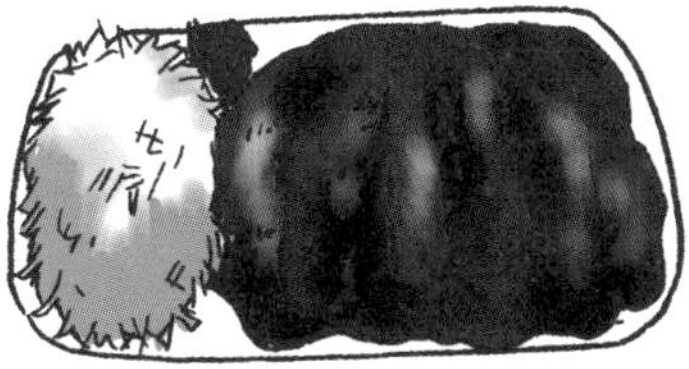

份量可從

單片豬排調整到

超大份豬排

其他還有「紅肉排」、「半份肉排」、「乾肉排」、「蒜味肉排」可以選擇。

<KORONA>的雞蛋三明治

放了四顆雞蛋的超厚玉子燒

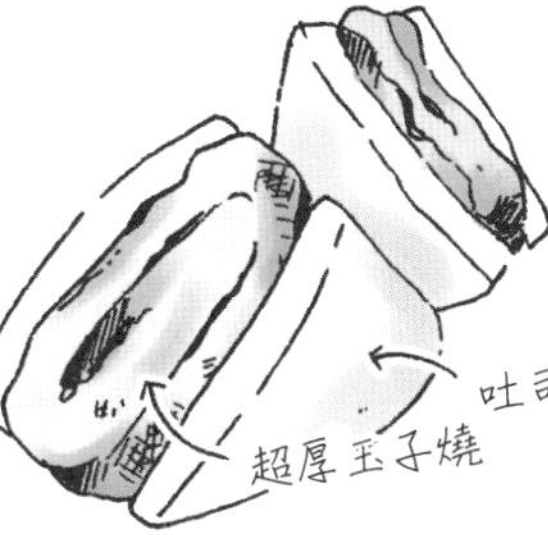

潛規則19

麵包消費量是日本第一

拉麵、餃子，我們剛剛已為大家介紹了京都人的飲食生活，也了解他們其實愛吃重口味的料理，但，還有另一個需要向大家介紹的飲食習慣。

與「和風」的印象相去甚遠，京都其實是全國名列前茅的麵包消費區域。根據都道府縣的食品項目調查發現，「全年購買量（全年支出金額）」（平成二十～二十二年平均），在麵包項目中京都勇奪第一名。

走在京都的街道，隨處都可見到麵包店，其中有兩間是「不知道會被當笨蛋」的在地烘焙坊連鎖店，其一是「進進堂」，其二則是「志津屋」。

進進堂是大正二年（西元一九一三年）創業的老店，除了麵包之外，也進軍咖啡店與餐廳。位於京大北門前的進進堂，是第一代老闆根據留學巴黎時體驗的咖啡文化所設計，最明顯的特色就是人間國寶黑田辰秋打造的長桌，讓店內裝潢的時尚品味達到極致。進進堂也是最早將法國麵包引進京都的店家，從此創舉就能看出他們對麵包的積極態度。

志津屋是昭和二十三年（西元一九四八年）創業，長久以來，都以在圓形法國麵包挾入火腿與洋蔥片的「Carnet」，以及從創業傳承至今，味道亙久不變的「元祖炸牛排三明治」等獨特的熟食麵包搏得高人氣，有些旅客還會特地在京都站的店面買麵包回去當伴手禮。

除了上述的麵包老店，京都之所以能保留多間歷史悠久的咖啡廳，也是因為比起「現煮的白飯」，京都人更愛吃咖啡與麵包（據說是因為大部分的人都是工匠師傅與商人，所以沒什麼時間煮白飯）。京都最具代表性的咖啡名店是「INODA COFFEE」（咖啡端上桌的時候，已經倒了砂糖與牛奶），許多京都人也都擁有「假日與家人一起去咖啡廳吃早餐的」回憶。

京都人自認為是將麵包發揚光大的先驅，但卻有旁人對這份驕傲冷眼旁觀，那就是京都的鄰居——「神戶」（兵庫）。

神戶自詡為將甜點與麵包文化推廣至全日本的推手，居高臨下地認為：「京都人不過是群只知道京都麵包的人而已」。在先前提到都道府縣的食品項目「全年購買量（全年支出金額）」裡，乃是神戶在吐司麵包的消費量拔得頭籌。

神戶與京都的差異在於，神戶有許多遍及全國的連鎖麵包店，例如DONQ或BIGOT，但京都不僅沒有外來的店，當地麵包店在京都之外的知名度也非常低。再者，相較於異國色彩濃烈的神戶而言，京都的商品多多少少都要跟「和風」扯上關係。

就某種意義來說，要了解具有「京都特色」的商品與店面設計的京都麵包文化，第一步得就近從在地的麵包店進攻才行。

Kyoto Rules

交通篇

購物篇

食物篇

街道篇

詞彙．人際關係篇

生活百匯篇

潛規則20

如果在某處迷路，會以「棋盤的排列方式」來思考

「哎唷，明明是要往北邊走，怎麼會走到全然相反的地方咧……！」

京都人去其他地方旅行或搬去其他地方時，應該都曾陷入前面所形容的危機才對。自稱京都人的他們，一離開熟悉的地方就成了傻瓜觀光客……真沒想到他們會有這項意想不到的弱點。

京都市街的特徵，就是眾所皆知的棋盤式街道。西元七九四年，平安京建京，以唐朝長安為藍本來設計街道，這種街道的排列方式又稱為条坊制。

棋盤式街道的最大好處就是簡單易懂，換句話說，縱使是沒去過的地方，只要按照地址走到特定的街道（十字路口），再以該處為基點往東南西北移動，大概就能走到目的地（詳情請見潛規則二十二）。與呈現放射狀排列（京都人不可能接受這種排列方式）的東京街道比較，京都的街道顯得清楚明白許多。

不過，外來客要想毫不遲疑地走到目的地，首先一定要先從街道名稱的背誦開始。最有助於大家背誦街道名稱的，就是從古傳承自今的「街道之歌」，這可是集結了京都的歷史智慧結晶之歌喔！

比方說，摘取東西向十八條街道的街道名稱首字，可拼出下列歌詞：

MARUTAKEEBISUNIOSIOIKE（丸太町、竹屋町、夷川、二条、押小路、御池）

ANESANROKKAKUTAKONISHIKI（姉小路、三条、六角、蛸藥師、錦小路）

SHIAYABUTTAKAMATUMANGOZYOU（四条、綾小路、佛光寺、高辻、松原、萬壽寺、五条）

當然，南北向的道路也有同樣的歌。

在京都的幼稚園與學校都會教學生唱這首「街道之歌」，公司若有新進員工，也會在新人教育訓練時教唱。

將這些街道名稱背熟後，不妨稍微了解「姓竹屋的人很多，所以才命名為竹屋町通」，或「因為位於高地，所以取名為高辻通」等典故。即便同是棋盤狀排列，歷史不長的札幌（北海道），就只是根據東南西北的幹道標示第幾號街道而已（例：南五條西三丁目＝從大馬路起算的南側第五條街道與從創成川起算的西側第三條街道的十字路口），全然沒有古都的情趣可言，因此京都的街道名稱典故還真是值得珍惜啊！

什麼，覺得背誦街道名稱很麻煩？不不不，第一步先請京都人教你唱這首歌，然後順便把歷史的年代背一背，可以把歌詞貼在廁所的門上好好默背（請務必背下來）！「哭泣吧（七九四年）[12]，黃鶯、平安京」……到現在也都還記得一清二楚吧？

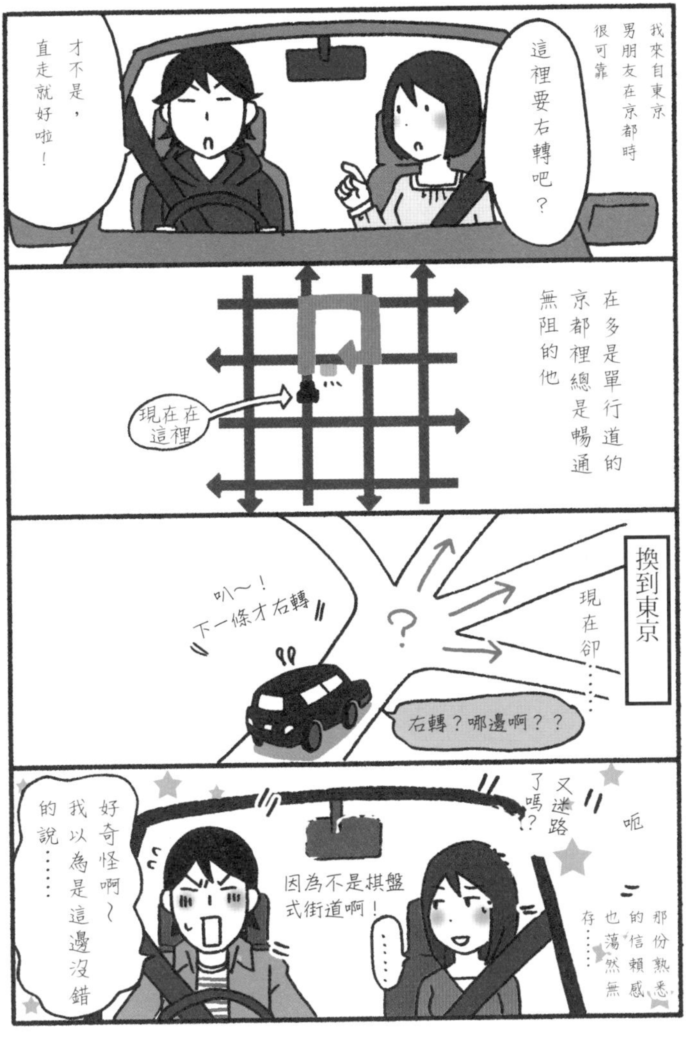
我來自東京
男朋友在京都時
很可靠
這裡要右轉吧？
才不是，
直走就好啦！
在多是單行道的
京都裡總是暢通
無阻的他
現在在這裡
換到東京
現在卻……
叭～！
下一條才右轉
？
右轉？哪邊啊？？
呃
又迷路了嗎？
好奇怪啊～
我以為是這邊沒錯
的說……
因為不是棋盤式街道啊！
……
那份熟悉的信賴感
也蕩然無存……

潛規則21

活用「上行下行」與「東行西行」的概念

進入正題之前，要請過度依賴奇摩或Google地圖的人，立刻改掉這個壞習慣，因為在京都市區是搜尋不到「上行下行」與「東行西行」這類地址標示的。落伍？不不不，應該解釋成深植於京都一千二百年歷史的地址標示方式，絕不是那種會輕易屈服在網路工具腳下的軟弱東西（？）……。而且只要記住規則，這種標示方式反而顯得方便好用。

接下來就為大家簡單說明基本規則，首先要記住是「上行」、「下行」、「東行」與「西行」的原則，聽起來雖然很像古老的咒語，但其實分別代表「往北」、「往南」、「往東」、「往西」的意思，只要您已經背下前一節介紹的街道名稱，那麼一切就準備就緒了。

方法很簡單，第一步先用街道名稱標出十字路口，接著再說出從該十字路口往哪個方向就行了。比方說，「從四条烏丸往上走一點，在第一條巷子往東走的地方」，就可以解讀為：先找到四条通與烏丸通的十字路口——「四条烏丸」，再往北方的烏丸通走，到第一條巷子右轉的意思。此外還要注意，一旦說成「四条烏丸」，就代表是面對四条通的建築物，而「烏丸四条」則是面對烏丸通的建築物。

在京都搭乘計程車的時候，也常會聽到乘客對司機說：「請在○○通▷▷偏下的位置」停車，很多店的名片也不會寫區名與編號，要是真的寫得太清楚，反而會讓人看不懂。「上行是什麼意思？」為了不讓自己問這種問題，就請您把京都的地址規則牢牢地背起來吧！

潛規則22

「町」的發音不是「chou」而是「machi」

「這台巴士會經過河原町（kawaharachoutoori）嗎？」

「請問四条烏丸（yonjoutorimaru）站要往哪邊走呢？」

幾乎每位京都人都曾經被畢業旅行的學生或觀光客問過這種「讀音有誤的問題」。第一個問題的正確發音是「河原町通（kawaramachidoori）」，而第二個的正確發音是「四条烏丸（shizyoukarasuma）」。若是年紀輕輕的國高中學生這麼問或許還可原諒，但如果已是出社會的大人，還把客戶公司的地址讀錯，那丟臉可就丟大了。

最常犯的錯誤就是把音讀與訓讀搞錯。丸太町很容易被念成「marutachou」（正確念法是marutamachi）、四条與九条則會被念成「yonjou」與「kyoujou」（這麼念就變成憲法第幾條的意思了。正確的念法是shijou、kujou）。「東大路通」也不能念成「toudaijidoori」，應該念成「higashioojidoori」才對。此外，從地圖上來看，靠右側的是左京區，靠左側的卻是右京區，這也是常犯的錯誤之一，一不小心就會搞混。之所以會左右互調，是由於平安京是仿照長安而建，而中國有「天子面南而治」的說法，意思是一國之君是面向南邊執掌政治；相反的，若以位於御所北邊的大內裏為基點，南方的左側自然就是左京，而右側當然是右京。

啊，順帶一提，麩屋町通的發音是「huyachoudoori」（因過去此處多是販賣豆腐與麵麩的商人而得名），這種不規則的例外也請各位多加留意。話說，這些發音還真是麻煩又複雜啊！

潛規則 23

京都人非常在意是位於京都的何區或何市

一聽到別人說「目前住在京都或是出身於京都」，會立刻發出讚嘆：「京都，好棒啊～」的外地人，腦中浮現的應該是寺院佛閣林立，隨處都可見到舞妓散步的街道……，對外地人來說「這就是京都」。不過，從地圖來看就知道，這種風情景色只存在於京都府南方的極小區域，走出這個區域，不是極為普通的新興住宅街，就是猴子與狐狸出沒（！）的深山野林。而且，除了行政機關劃定的行政區域分界線，京都人還自行劃分了「正牌的京都分界線」，關於這點可得多加注意。

第一條界線，是將京都市分為內外的分界線。

這就像是說愛知縣在名古屋市的外面、博多區在福岡市內、東京不只是實際行政劃分的二十三區，總之有種在桌子上劃線，不准越雷池一步的感覺。尤其對住在京都中心的居民來說，京都市之外都不算京都！事實上，就連住在京都市之外的宇治、長岡京或是京丹後的居民，要去京都市時也都會說：「我待會要去京都一趟喔」！

第二條界線，是會問位於京都市內的何區？在此略居劣勢的是後來才被編入市內的伏見區、山科區或洛西新鎮的西京區。果然，京都人還是很在乎歷史啊！「伏見有產美酒，把這地方納為京都市的一部分是沒關係，但說到底還是覺得怪怪的～」這聽起來有點像在開玩笑，但會這麼說的洛中（京都市中心）居民，可真是打從心底這麼想的喔！

那麼，到底哪裡才算是真正的「京都」呢？到底該擁有什麼條件，才能被納為「京都」的一員呢？說法有很多，有些人認為「必須位於豐臣秀吉一統天下後所築的堤防(御土居)之內」；有的則認為「就算位於棋盤式街道之內，也只有京都站的北側才算數」；還有人認為「只有舊上京區與下京區才算真正的京都」。若是請京都人在地圖上劃出分界線，肯定是問多少人就會得到多少種不同的答案吧！

但關鍵因素之一，可能是與(京都)御所的相對位置或距離有關，若想得簡單一點，大概就是一種「偏愛自家小鎮」的心情。例如大學林立的左京區，以「我們的行政區可是神聖的學術殿堂」為驕傲；住在西陣的居民自豪是工匠師傅之街；而山鉾町、室町一帶的居民則為主辦祇園祭而感到光榮。總是被揶揄「不屬於京都」的伏見區，其實也擁有自己的歷史文化，並因盛產日本酒而繁榮；宇治市則以傳承著京都茶道文化為榮(宇治市的學校竟安裝了能流出茶水的水龍頭)。若回顧歷史，丹後地區在古墳時代[13]也曾盛極一時，長岡京則是平安京之前的首都。

為了避免與京都市街的鄰居牽扯太多，而選擇移居郊外的年輕家庭越來越多，就算都是京都的一員，每個區域還是擁有不同的特色。然而若是聽到那些土生土長的京都人自謙地說：「哎唷～我家雖然在京都，但說到底也只是住在鄉下啦」，可別信以為真，誤會他們真的把自己當成鄉下人喔！

我，左美也子、京都人
從今年開始就讀東京的大學
咦～來自京都啊？
心花
同學妳很優雅耶
怒放
妳會用京都腔說話嗎？
老實說…京都女孩都超搶手的喲
＊在社團的情況
咦～小左是京都人？我也是！
是京都哪裡人？我來自下京
和樂
真是巧遇呀～
我是西陣人
融融
啊……我家
在伏見…
是喔
根本不算京都吧…
原來是這樣
啪嚓
拜託，在東京京都人就是京都人啦！

潛規則24

提到高級住宅區就想到下鴨、北白川與岡崎

京都常可見到老舊的民宅（町家），而這些民宅又被稱為「鰻魚的寢床」，之所以會出現這種間口[14]狹窄，屋內深長的建築物，可能是因為江戶時代是以間口的寬度來決定稅金的。若走到目前仍保有京都舊街景的西陣地區，就能從這類民家構造一窺當時庶民的生活。

若要問京都的豪宅位於何處，當屬下鴨、北白川與岡崎，這三個地方都是京都最具代表性的高級住宅區。北白川或許是因為鄰近京大，所以多數居民的身分不是學者就是醫生，四處都洋溢著高級裝潢的氛圍。下鴨或岡崎則有許多知名企業的社長或名人的豪宅林立（不知何故，岡崎也有一堆小型愛情賓館）。這些位在山腳下的區域，常常可以看見時髦的咖啡廳與高級SPA館，也同時具備高級住宅區擁有的共同條件，例如①文教地區、②接近高地。除此之外，在上賀茂一帶延綿成排的神職人員住家，也是京都才有的特色。

另一方面，足堪代表京都的大型公司都集中在京都站的南側，例如任天堂、華歌爾、日本電產的總公司就設立在南區，京瓷株式會社（KYOCERA）總公司則位於伏見區。由於這些公司的外觀不符合京都的街道景觀政策，所以這一帶與「古都．京都」的印象也就截然不同，一眼往去就是純粹的商業都市模樣。此外，宇治市如今也有被譽為支持京都動畫「御宅族文化」的企業。

京都不只有寺院宮廟，若能擴增經濟或御宅族話題（？），想必能與京都人多聊上幾句。

潛規則25

在鴨川沿岸賞景，就該等距離排排坐

Kyoto Rules

「好想趕快交到女(男)朋友，坐在那裡欣賞河景呀」——不知道空窗許久的京都年輕人，看到坐在鴨川河岸的愛侶，心底會不會暗暗如此發誓呢？

鴨川是全國知名的約會聖地，但，就算不是情侶，要坐在鴨川沿岸欣賞河景，也得遵守某些潛規則。

首先要提醒的第一點，在三条大橋到四条大橋這段範圍，因為接近繁華地區，每到週末，情侶或是聚餐結束的團體都會特地到這段河岸集合約會。

不過，不管人潮再怎麼擁擠，也一定要遵守等距離排排坐的潛規則。一開始的間距為三公尺，接著是兩公尺，然後是五十公分，不管坐下來的人增加多少，間距縮到多短，也一定會不假思索地等距離排排坐。

不侵犯他人領域，重視彼此之間的距離感，正是京都人特有的纖細與敏感，若有人破壞這份默許的秩序，那百分之百是外地人。

走過三条一帶，河岸也隨之變得開闊，尤其是出町柳的三角洲(沙洲)，可以看到在河裡玩耍的孩子們或是坐在塑膠布上野餐的團體，另外還看得到許多精力充沛的長輩們在那兒打槌球，四處洋溢著熱鬧與歡笑，但有些地方是禁止停放單車與施放煙火、鞭炮的，同時也不准烤肉。

順帶一提，夏天常見的「床」（四条附近的餐廳都會在鴨川沿岸鋪設供客人坐在戶外的坐墊）。在鴨川一帶叫作「yuka」，而在貴船、高雄一帶則念作「toko」。

鋪設「yuka」的大多是平價店家，鋪設「toko」的大概都是每人消費至少一萬日元的高級餐廳，可別坐錯坐墊而鬧出笑話喔！

除了鴨川之外，在嵐山的桂川（大堰川），也能看到一雙雙情侶坐在沿岸的光景。住在這附近的京都人也跟鴨川附近的居民一樣，都有著「在河岸旁與女朋友情話綿綿」的酸甜回憶。

此外，京都御苑（京都御所的某個公園）也是一處當地人才知道的悠閒聖地，在那裡也常可看到小氣（！）京都人不花一毛錢地親密散步，孩子們也會在那兒玩耍或度過悠哉的時光。不過，御所如今仍設有嚴密守護天皇的皇室警察，雖然天皇早已不住在這裡。

因此，請別擅自接近需要參觀許可才能進入的京都御所與仙洞御所。御所周圍的確很適合慢跑，但是，可別不小心摔到御所外牆前面的狹窄溝渠，也別不小心將手搭在牆壁上，這很可能會觸發「請一起保護文化財產」的巨大警報，若是剛好附近有巡邏警察，可是會立刻被驅趕的。

這裡是鴨川嗎？
我們過去看看吧
……
這邊這邊
好舒服啊
來了來了
……
太近了
呀～
呀～
心情變得好舒爽啊～
太近了吧
挪開
挪開

兜風聖地首選是「琵琶湖」，而非大海

「不過兩站而已，居然要花十分鐘的車程」。這就是從JR京都站到滋賀縣縣政府所在地大津站的距離。關西以外的居民或許覺得滋賀縣有些落後，但京都市與大津的距離非常近，因此與同為京都府的舞鶴、京丹後這些北部地區或是大阪相較，京都人會覺得滋賀縣比較親近，也比較習慣去滋賀縣渡假。

若說去滋賀縣有什麼活動，主要就是前往琵琶湖兜風。在琵琶湖附近可以烤肉、釣魚，還可以游泳。如果約會的時候，女朋友突然央求「想去大海」，要從京都市去到面海的舞鶴可是非常遙遠，因此不妨去同樣有一大灘水……也就是琵琶湖一帶，才是比較划算的海濱之旅。而且琵琶湖附近還設有高級的高爾夫球場，非常適合用來接待客人。

充滿優越感的京都人常將滋賀縣人揶揄為「滋賀作[15]」，但是滋賀縣可是因吉祥物「彥根貓」，以及作為大河劇「江・戰國三公主」的拍攝場景而受到全國注目喔！比起交通繁忙的京都，喜歡滋賀縣歷史的女孩也越來越多！此外，以「三方獲利」（賣方、買方、社會）為信念的近江商人也名聞天下。除了華歌爾，來自滋賀縣的經營者也多在京都設立公司。直到現在，滋賀縣也是京都與大阪公司的工廠集散地，是一處大型的工商區域。儘管目前滋賀縣與京都相較，仍如月見草般低微的存在，但其勢力也正日漸增長。要是還一直說什麼「滋賀作」，肯定某天滋賀縣的人會說：「不給你們琵琶湖的水了」……。

潛規則27

嚴禁俗豔的彩色招牌！

Kyoto Rules

松屋、王將、吉野家是白色的，LAWSON、麥當勞、Fast Kitchen是咖啡色的。你問我在說什麼？其實是在說京都速食店與便利超商的招牌和店面顏色。京都市的景觀政策不僅限制建築物的高度，就連建築物與招牌的設計、形態，也都有許多細膩的規定。甚至是瑞穗與三菱東京UFJ銀行的招牌也只能使用白色為底，不能使用原本為人熟知的深藍色與紅色。

因此，就算是全國連鎖的店家，在京都想要依循印象中的招牌顏色來找到店家，就可能會發生「原來這家店躲在這裡」的情況，而這也是外地人常遇到的麻煩。

不過拜景觀政策所賜，京都才能原封不動地保留古色古香的街景，有些店家也是自主性地配合這項政策，例如京都丸井就刻意將部分牆面漆成木紋般的淺咖啡色，在地超市「Fresco」的堀川店也將店面打造成老舊民家的風格。

另一方面，到處都見得到毫無防護措施的文化資產，也是京都街景的一大特色。例如先斗町一帶的老舊民家，還留有幕末時坂本龍馬率領土佐藩士留下的刀痕，某間蕎麥老店的一部分還使用了伊勢神宮遷址時留下的老木材，就連佇立在街角的老舊石碑也可能是超重要的史跡。若要了解京都街道的歷史深度，不妨連散落在路旁的石頭也多加注意，說不定會因此發現偉大的歷史謎題。

潛規則28

到處都是消災解厄的符咒

「火迺要慎」。街邊餐廳的廚房或是在地京都人的廚房，一定都會看到寫著這四個大字的符咒，上頭如謎面般的文字是「小心祝融」的意思，符咒則求自愛宕神社。

愛宕神社（俗稱愛宕先生）是每位京都人都曾去過的神社。愛宕神社有著「只要在三歲之前去參拜過，一輩子就不會遇到火災」、「在七月三十一日晚上到八月一日早上持續參拜，就能得到一千天福份」的美好傳說。每年都有絡繹不絕的京都人前往參拜，同時也是小學遠足踏青的流行首選。

其實，京都的街道到處都是類似消災解厄的物品，如果是會參加祇園祭的家庭，玄關前一定會掛著祇園粽（這可不是食物），也常看到民家的屋簷上有道教驅魔天神「天師鍾馗」的石像鎮守著。其他系列的符咒還有北野天滿宮的「避雷」（避雷符咒）、同聚院的「護屋符咒」（祈求子孫昌盛），以及與知名陰陽師安倍晴明有關的晴明神社所推出的五芒星（晴明紋）除魔貼紙等，都是趨吉避凶的人氣品。京都之所以到處都是消災解厄的符咒，或許源自充滿瘟疫、寶永大火災、天明大火災、地震、應仁之亂等天災人禍的京都歷史，以及受到以權力鬥爭為主題的怨靈傳說的影響。

京都人總是盡一切力量保護自己，如此看來，京都茶屋之所以「拒絕生客」或許也是一種避免陌生人接近的驅魔之術……吧？

潛規則29

京都人心中都有自己私房的櫻花、楓葉景點

Kyoto Rules

「你都在哪裡賞櫻？」
「都去哪裡賞楓呢？」

一到櫻花與楓葉的季節，京都人之間的對話就是如此，因為京都賞櫻與賞楓的景點可是日本全國數一數二的多，若是住在當地，絕對要盡情欣賞這些大自然美景。話說回來，京都的春秋兩季都是觀光旺季，市內的交通可說是非常混亂，若在此時前往舉世聞名的主要景點，那無疑是種自殺式的行為。

因此，京都人會去的賞櫻和賞楓景點，絕對是內行人才知道的私房景點。必須擁有私人的賞櫻與賞楓景點，才足以成為獨當一面的京都人。那麼該怎麼找到這些私房景點？當然可以直接問在地的京都人，但是自己開拓新景點，才能稱得上是具備自主精神的京都人。著有多部京都導覽書籍的柏井壽先生，曾寫過《一個人的京都之秋》16，書中介紹多條探尋「賞楓私房景點」的線索，可按圖索驥前往知名寺廟附近探險（順便去附近看起來很悠閑的伴手禮店或茶屋走走也不錯），也可搭嵐山電車或公車等交通工具，欣賞車窗外的美景。

若是找到很棒的私房景點，可千萬別以酒備宴，也別找一群朋友在那兒大肆喧騰。要想模仿京都人的風雅，就得自我克制一番，靜靜地欣賞眼前的春秋美景。

潛規則30

京都人與京都名勝意外地疏遠

Kyoto Rules

「帶我去一些充滿京都風格的地方嘛！」

許多京都人都曾經遇過外地朋友的這種不情之請，但是，京都人不一定真的對那些名勝很熟悉；或者更正確地說，正因住在京都，所以才不熟悉那些地方。

令人意外的是，金閣寺、嵯峨嵐山、平安神宮這些外來客旅行（畢業旅行）必去的名勝景點，很多京都人可能去都沒去過。

「明明身邊都是這些美麗的名勝，實在太浪費了吧！」這是外地人才有的莫名感傷，對於京都人來說，京都的寺廟不是需要特別去一趟的地方，簡單說，就像是自家院子一樣的尋常場所。

「小時候常在附近的寺廟舉辦試膽大會」、「想要一個人想想事情時，就會去附近的寺廟坐坐」，就像前面提到的私房櫻花、楓葉景點一樣，每個京都人都有「自己的」寺廟與神社。

這些京都人鍾愛的寺廟與神社通常是沒沒無名的，但有時會因某些風潮而突然招來一大群觀光客（例如與新選組相關的壬生寺，或是因陰陽師的流行而備受注目的晴明神社）。

就連喝酒的地方也幾乎都是朋友開的巷弄小店，所以聽到「帶我去充滿京都風格的店」這種要求，真的會讓京都人傷透腦筋……。

幾經煩惱後，最後只好帶外地朋友去那些「關東人應該會喜歡的店」，結果去的還是那些改建過的民宅，背後還是東京公司出資的……。唉～真是麻煩啊！

因此，若要拜託在地人導遊，可千萬別要求什麼「帶我去像京都的地方」。如果京都朋友帶你去的是「王將」或「天一」，也不許因此露出一副失望的表情喔！

Kyoto Rules

交通篇

購物篇

食物篇

街道篇

詞彙．人際關係篇

生活百匯篇

潛規則31

語尾一定會有「～haru」

「東男配京女[17]」、「京都有三寶，女孩、加茂川水與寺廟神社」不管是現代還是古代，京都女性就如上述諺語所形容，在日本全國各地都備受青睞。

京都女性如此受歡迎的祕密是什麼呢？關東男性（東男）特別對京女情有獨鍾（被騙？）的原因之一，就是京都女孩們的京都口音（京都腔）。

同是關西腔，京都腔聽起來特別圓潤柔和，與大喇喇的大阪腔完全不同，因此，有京都腔的女性總是散發著迷人的女人味，即便個性強悍，也有類似一白遮三醜（？）的魔力。

若說最能代表京都腔的詞彙，那就是語尾助詞「～haru」。若將「～haru」譯成中文，大概是「請～」、「拜託～」的意思，而大阪人的關西腔也會帶有這個語尾助詞。

「～haru」因為受到御所詞彙[18]的影響，所以成為京都腔敬語的制式說法，只不過這個語尾助詞幾乎成為一種萬能的詞彙，也被京都人毫無節制地濫用……。

即便對方怎麼了，京都人也習慣在語尾接上「haru」；不管對方是長輩還晚輩，不管是熟人還外人，就連對象是動物與天氣也都能使用「haru」。

比方說，對話的對象是朋友，會說「昨天都去做了什麼haru」；帶自家小孩去醫院，也會說成「我家小孩，昨天咳得好嚴重haru……」；對象若是動物，就會說「我家的狗睡在哪裡haru」；而形容天氣的時候會說成「雨，越下越大了haru」；更妙的是，連吵架的時候都會說

「都是對方的錯haru」。

京都人從小就習慣使用「～haru」這個敬語，但事實上，話裡並沒有半分尊敬對方的意思，而京都人自己完全沒意識到這點也是個不爭的事實。之所以會如此濫用，也可能是因為京都原是商人聚集之地，買賣之際，商人總是會避免對顧客說出不禮貌的話。此外，京都早期曾歷經多次戰亂，京都人為了避免樹立不必要的敵人，才會在對話中多用心，可見這種語尾助詞的使用正是京都人的生活智慧。再者，京都的左鄰右舍都住得很近，所以能否保持圓滑的人際關係也就成為生活中最重要的一環，這也是為什麼京都人在主張意見時，會為了避免在別人心中留下壞印象而使用敬語。

例如，「○○先生如此主張haru，但老實說，不覺得有問題嗎？」只要懂得巧妙地使用「haru」，就算是在別人背後說壞話，聽起來也帶有幾分優雅。

只不過這很可能會讓後知後覺的人聽不出京都人話裡的厭惡……，若想不露慍色，和緩地點醒對方時，「haru」的確是很好用的語尾。

總之，要想營造圓融的人際關係，基本上就是要學會「～haru」的使用方法，而且更要知道，就算聽到「～haru」，也不能就此認為京都人對你很有禮貌！（舉例來說，京都人常愛話裡帶刺地說「大阪人都是些說話不經大腦的傢伙haru」、「東京人都是暴發戶haru」……）。

我，神奈川太郎現在正熱烈追求京美小姐
接下來會怎麼樣呢~
謝謝你前幾天的招待，真的非常美味。
有關下次吃飯的事，請容我再考慮一下喔。
第一次約會順利所以才有下一次一切順利進展中
京美~！神奈川有沒有再約妳haru？
微笑
微笑
嗯，下次會去嵐山玩haru
噗通
他還是真積極約妳ha~ru
微笑
微笑
是呀！
果然一切順利
我要加把勁！
小京美~
那傢伙還真是纏人
要是他早點察覺實情就好了haru…
對呀~

潛規則32

不會使用「dosu（e）」

Kyoto Rules

接下來要向大家介紹另一個難度略高，卻很好用的尾語助詞，那就是對地位較低或地位平等的人，以較隨性口吻命令時所使用的「～yoshi」。

「請快點吃yoshi」（請快點吃吧）、「早點來yoshi」（請早點來吧）、「請看yoshi」（請看吧）

大概就是上述的用法。與其說成「吃快點啦」或「早點來啦」，夫婦或情侶之間還不如使用上述的「～yoshi」，聽起來比較柔和一點，而且要是以開玩笑的口吻來說，也能清楚地傳達自己的想法而不惹對方生氣。

相反的，在京都腔代名詞漫天亂飛的現在，已經不太使用的語尾助詞第一名就是「dosu(e)」。我有時在聯誼遇到京都女孩，會不小心脫口問出一些笨問題：「妳說話的時候，會不會在最後接dosue～啊？」老實說，這個問題真的很煩人。「的確這樣dosue～」，或許這麼說，對方會當一回事……但，他們心中並不想這麼說。應該說，怎麼可能這樣說話啊！

「dosu」基本上是花街柳巷的用語，與京都腔是兩回事，雖然舞妓與藝妓會這麼說，但一般人根本不用，這個語尾助詞的使用稀有度，大概就與名古屋人的「～miya」差不多（？）而且，外地人要是學京都人的口吻說「～dosu」，大概會被京都人嘲弄地問：「你是在哪學會京都腔的啊？還～真是學得維妙維肖haru～」……。

潛規則33

一不小心「很麻煩欸」就會脫口而出

Kyoto Rules

假設在職場上聯繫的窗口是位麻煩人物，京都人通常會碎碎念地說「啊～很麻煩欸」；對於鄰居與親戚的來往不耐煩時，也會輕輕嘆息「真的，好麻煩啊」；若是手頭有堆積如山的待辦事項時，就會忍不住大發牢騷：「這些麻煩能不能別追過來啊！」……。每當京都人遇到麻煩的人事物或進退維谷的情況，最常脫口而出的就是「很麻煩欸」。雖然每件事的嚴重性各有不同，但京都人就是很習慣把這個口頭禪掛在嘴邊。

常會在人際關係中使用這個詞彙，乃是「生活圈圈很小」的京都所特有的現象。支持那邊，就無法討好這邊，夾在兩方中間不能自己，是早期與鄰居來往或與親戚關係之間常有的狀況。

進一步來說，不直接講出內心話，總是婉轉再婉轉地旁敲側擊，讓事情變得更加麻煩也是京都常有的事……。即便嘴上說著「感謝您」，但京都人到底是在感謝你，還是在拒絕你呢？雖然鄰居稱讚「你家小孩還真聰明耶」，但其實他可能是在找碴？哎呀～京都人真的很麻煩。可是，要是說真話，惹得對方不開心也很麻煩啊……。京都的年輕人較能直白地表達意見，但長大後，還是會因為各種緣故而變得委婉……。看來只有一邊抱怨「很麻煩欸」，一邊巧妙地找到溝通之道，才能好好地與麻煩的左親右鄰來往了。

潛規則34

謹言慎行只為避免遭人嗤之以鼻

相對於被嘲笑、被捉弄都能大喇喇一笑置之的大阪人，京都人，屬於內心複雜的生物。「要是做出這等蠢事，肯定會被左鄰右舍嗤之以鼻的（喔）！」京都人在孩提時代或多或少都被雙親這麼交代過。不對，不僅限於小時候，長大之後，很多京都人還是活得很小心翼翼（？），以免被鄰居說三道四。

最具代表性的例子之一，就是女性的時裝。在大阪一帶，女性不管幾歲都習慣穿著強烈的飽和色與閃亮亮的服裝，甚至有人形容大阪的大嬸是世界最強的女性，總是堂而皇之地穿著動物花紋的服裝上街，讓人不僅想問：「這種衣服到底在哪裡買得到？」她們當然不是為了搞笑才穿這些衣服，但肯定是想引人注目、大出風頭的吧！

反之，京都女性的基本服裝是自然系的風格，既非辣妹裝扮，也非華麗的哥德蘿莉裝，正如禁止俗豔的招牌般，要給人不太顯眼，低調的印象。

會出現這種文化的主要原因之一，是京都市內地狹人稠，很多京都女性（男性）都沒有離開過從小居住的地方，直到結婚之前都待在雙親身旁，因此遇見青梅竹馬或喜歡探聽八卦的鄰居大嬸的機率非常高！要是穿著太～花俏的衣服，很可能會被問「妳待會要去哪？（妳待會要去哪haru）」，運氣差一點，整個京都都會流傳著「○○妹穿著超誇張的服裝在逛街」的流言！切記，喜歡花俏風格的是大阪人yoshi！

潛規則35

注重信用形象！

Kyoto Rules

「謹言慎行，以免遭人說閒話」。其實有段史實能證明剛剛介紹的潛規則。

京都的老舊民宅都設有格子窗，這種設計其實是由內部監視外部的「偷窺窗口」而來。今日的盟友可能是明日的敵人——京都人向來謹慎，而且知道執政者的決定會使外界的風向轉變，所以為了掌握外界的動向，自古以來他們就習慣偷偷地互相監視。

京都人之所以如此在意他人眼光，也是受到重視信用、互信關係的風土民情所影響。

京都以中小企業或自營商居多，通常會透過熟人的請託或裙帶關係謀職。這也是為什麼在京都的轉職廣告裡，會附上條件——「僅限前職務正常離職的人應徵」。鄰居與親戚之間的流言蜚語可是非常要命的！

尤其西陣的傳統產業多為家族企業，也徹底執行分工合作的制度，因此見到來路不明的人更會謹慎以對，導致重視信用與互信的傳統更加牢固，將亂花錢與追求名牌視為壞習慣的文化也一直保留至今。不管就好的方面還是壞的方面來說，東京一帶向來不太重視鄰居的人品，但京都人卻常以銳利的眼光觀察他人喲！

「我家是我家，別人是別人」，與他人劃清界線，同時又在乎他人眼光，習於細細觀察他人的正是京都人。這麼做雖然麻煩，卻也是保命的智慧。因此，保命的第一步就是先把愛聊八卦的鄰居大嬸納入同一陣線吧！

潛規則36

茶泡飯傳說是京都人的共同默契

去京都人的家中拜訪，閒話家常一巡後，聽見主人家問：「要不要來碗茶泡飯呢？」言下之意就是「你差不多該回家了」。

倘若不解風情，還回答「好啊」接受招待，很可能會在暗地裡被說閒話：「那傢伙還真的要吃茶泡飯啊（真是厚臉皮）」。上述就是證明「京都人＝壞心眼」的趣譚，也就是京都所謂的「茶泡飯傳說」。

這個傳說如今已傳遍日本全國，甚至京都人自己都把這個傳說當成笑話來看。

不過，這個傳說是因為在落語[19]表演《京都的茶泡飯》中被誇張化後才誕生的，實際上，幾乎沒有人會真的說「要不要來碗茶泡飯呢？」或聽到這句話！

話說回來，若想把京都特有的人際關係現象，向外地人解釋得一清二楚，透過這個都市傳說來詮釋倒是恰恰合適。

正如我們之前再三提醒的，京都人認為話說得太直白是種野蠻（失禮）的行為。

以前述的「茶泡飯傳說」為例，客人難得來訪，「待會還有事，差不多得請您回去了」這種話實在是難以啟齒；若真的說出口，又可能會讓客人覺得「實在非常抱歉，我不知羞恥地叨擾太久了」。

因此，「茶泡飯傳說」就被當成「到此為止」的暗號（約定成俗的習慣）。

若以現代人的習慣來說，大概就等於「要不要再幫你泡茶」或「難得來，一起在家用餐吧」的委婉用語。

「話都不說清楚，還真是個性乖僻！」、「這種日本特有的『阿吽的呼吸[20]』，在全球化的社會是行不通的！」……雖然有這些批評的聲浪出現，但這是京都式的貼心，也是約定成俗的溝通方式，更可以說是京都人面對任何人都不願表露真心，隱身於世的存活之道。

直到熟稔到能互吐心聲之前（能互相耍壞心眼的時候），可千萬別在京都人的家裡坐太久。

「哎呀，別這麼見外，再待一會兒如何呢？」這種貌似好客的說法也不可輕易相信。口裡邊說「不不不，下次再來府上叨擾」，卻懂得立刻從座位站起來的人，才可說是熟知習俗民情的京都達人。

我，神奈川來京都快一年了
也結交一些好朋友
完全是個京都人了！
火鍋果然讓人全身暖烘烘
朋友家
吃飽啦～
那，要不要來碗飯呢？
驚嚇
醃漬小菜
啊！出現了！是新的茶泡飯傳說嗎？
我想起來了 我待會還有事要辦
抱歉，先回去了
再～見～
不用那麼急啊！
吃完飯再回去也不急嘛！
咦？
我啊
還真是內行啊～
那傢伙為什麼不吃最後這道菜呢？不愛吃嗎？
咀嚼 咀嚼
白蘿蔔很美味啊！

潛規則37

「容我考慮考慮」就是「NO」的暗號

京都人總是委婉地待人接物，深怕一不小心就害對方丟臉，而京都式溝通的最佳體現，就是在京都人向別人拜託事情或拒絕對方請託的時候。一邊以婉轉曖昧的話術回應，一邊卻又清楚地表達自己的意思，這正是京都式的溝通。

先從拜託他人的場景談起。要求別人「請～這麼做」的時候，通常會使用否定疑問句，例如京都人會繞個彎，把話說成：「能不能請你～這麼做呢（能否請你這樣幫忙呢）」，聽到京都人把身段放得如此之軟，就很難拒絕他們的請求。某種程度，也算是種巧妙的心理戰術。

京都人在婉拒推銷或他人的建議時，也會使用「感謝您」、「請容我再考慮考慮」這種曖昧不清的表達方式，因此最好別把「感謝您」當成ＯＫ的意思，也別認為「讓我再想想」就是可以期待後續的發展。要是京都人含糊地說：「這件不錯，但這裡有點不合身……」，可別立刻說：「那我替你改得合身一點！」京都人可能會想：「我明明是要拒絕的，這傢伙怎麼聽不懂呢？」然後就被歸類成不識相的傢伙。當然，若是在「謝絕生客」的店門口聽到店家說：「請務必繼續支持」這種婉拒的話術，也千萬別誤以為店家是在說：「歡迎再度光臨」。過於天真浪漫在京都可是行不通的。

就連男女之間的交往也是如此。約對方出門約會，卻看到對方傳來簡訊：「讓我再想想吧」，就別在日後痴痴地問：「你考慮的結果如何呢？」請多多思考對方的言外之音喔！

潛規則38

絕對能看穿正牌舞妓與冒牌舞妓的差異

在街上偶遇舞妓，你會怎麼反應？立刻湊上手機鏡頭拍照嗎？還是問看看能不能一起拍張照片呢？嗯，這都不能算是問題，會問這種問題也是不及格的京都人。

真正該問的問題是：「你看到的是不是正牌的舞妓」。京都提供許多「讓遊客變身舞妓」的服務，同時也能搭著人力車或計程車觀光散步。

要是遇到遊客假扮的舞妓就興奮過頭，你身旁負責導覽的京都人可是會嚇傻的。「那個是冒牌舞妓啦，這個時間，正牌舞妓哪可能穿著和服，坐在人力車上逛大街」。實情的確也是這樣。

那麼，到底在哪裡可以見到正牌舞妓呢？除了全國知名的祇園外，京都還有五處最具代表性的花街，又稱「五花街」。

祇園可以分為祇園甲部、祇園東、宮川町與先斗町這幾處，稍微遠一點的還有上七軒（京都站附近還有因紅燈區而繁榮的島原市，但如今沒有舞妓在哪裡，所以無法被納入五花街的行列）。雖然茶屋的數量越來越少，但是來到這幾區，還是有很大的機會遇見真正的舞妓與藝妓。

不只想在街上遇見，還想一起到茶屋玩？很遺憾，沒有熟人介紹是不太可能的。這也是所謂的「謝絕生客」，但這真的不是要欺負或排擠外地人，也不是想在外地人面前擺派頭，純粹只是結帳方式的問題而已。

茶屋通常採事後請款的方式結帳，不管是在茶屋的消費，還是料理費用（通常會請外燴業者送餐），甚至之後帶舞妓出場喝酒的費用，全部都會整理成一張請款單，送到家裡請款，而這種結帳方式的基礎在於彼此的信賴關係。因此，為了不被倒帳，若不是有信用的熟人或是經過熟人介紹，茶屋是無法接待的。當然，這些店很多都是不能使用信用卡的。

若無法找到有力的介紹人……，不妨加入「Ookini財團友之會」，這是為了振興花街與繼承傳統文化所設立的財團法人，加入後，就能得到五花街主辦的公演招待或享有茶屋消費的優惠（年費三萬日幣）。

另一點需要注意的是，有些人會將舞妓幻想成是京女的代名詞，但很遺憾（？），舞妓有九成是非京都出生的外地人。所以操持著祇園用語的舞妓們才會在某些時候突然說出自家家鄉的方言。

隨著景氣下滑，茶屋的生意也漸趨現代化，但是要在花街一遊，前提還是得先熟悉這些基本潛規則。

否則在此之前，只能得到店家一句：「請您務必繼續支持」的招呼囉！

我，新木初
已住在京都3個月
難得的假日
想要出門喝點酒
……
你好！
哇
舞妓嗎？
雖然我們店裡
只招待熟客
但這次特別破例
請哥哥來店裡坐坐喔
哎呀 您是業務員啊？
真是辛苦呢
還好啦
您的故鄉是？
咦？
這麼貴？
現金
不夠啊！
呵呵呵
呵呵呵
沒關係的
我們接受
信用卡的喲～
歡迎您再次光臨
真是敗給她們了～
看來
我到花街
逛過一次了～
嗯～
假扮的舞妓確實是
接受信用卡的……

※以上純屬虛構喲（笑）

潛規則39

京都人絕不自認是關西人

「您來自關西嗎？」「嗯，是關西沒錯……，但其實是來自京都」——會加上「沒錯」，刻意主張自己來自京都是京都人的天性。

難道是因為京都人內心排斥被當成關西的大阪人嗎？或許這點也是部分小小因素，但事實上，京都人並不像世間流傳般特別討厭大阪人，兩方也沒有真的不和（大概吧……）。

之所以會如此強調自己來自京都，答案就在於京都人的個人主義（自我意識高）。京都人的處世之道就是避免「出風頭」，但也不想被同化成其他地區的人。所以，即便同是京都居民，還是有人會特地強調京都人的定義，口口聲聲地說：「那裡才不算是京都」，而且他們心中各有絕不妥協的堅持，例如「最適合居住的是左京區」、「最具歷史風情的是中京區」。大人們都會告訴小孩「我們是我們，別人是別人」，很討厭附庸風雅地追逐流行。乍見之下，這些態度或許互相矛盾，但其實理由是相同的，說到底，京都人就是習慣獨善其身，謹慎地待人處事而已，所以他們不輕易相信他人，也不願意與人同流合污；他們為了避免自己陷入尷尬的立場，通常願意壓低身段，但也不會就此失去自己的主張。

證據就在於（這也是個有趣的觀察）——京都人雖然喜歡泛稱的京都，彼此之間卻不一定有同為京都人的團結感，所以，京都人在外地遇見京都人也不會急著與同鄉互攀關係。雖然報上「來自京都」，的確是比「來自東京」還容易變得熱絡，但這也不過是第一道關卡而已。

因此，即便對方是京都土生土長的名人，京都人也不會因為對方是同鄉而互相幫忙，得先刺探對方的習性與價值觀，覺得合得來才會深交或聲援對方。

「對方是怎麼樣的人呢？」京都人會先仔細地觀察對方，對彼此的關係也相當慎重，需要耗費一段時間才能變得熟稔；然而一旦認定對方，關係就會變得非常融洽。

即便對方同是住在京都市或京都府的人也一樣，更別說同是關西一帶的人了。

京都人對大阪人的評價？「大阪給人一種活力旺盛的感覺，但是整條街道充滿了忙碌的氣氛，讓人有種精神耗弱的感覺，回到京都才能真的放鬆」、「大阪的女生在喝酒時，也會積極地炒熱氣氛吧（京都的女生才不做這種事）」、「我覺得大阪人真的很厲害，可以隨心所欲地控制全場的氣氛，但是太興奮很容易疲累」、「那種（過於花俏的衣服）在京都絕看不到有人會穿，完全就是大阪人的風格」，大概就是這類的評語。與其說京都人刻意強調與大阪人之間的差異，我想，他們應該是真的討厭大阪人？否則也說得太直接了。或許就是京都人這種看似輕描淡寫卻綿裡藏針的言行，才很容易被外界解讀成「孤傲」或「壞心眼」……。

「同是關西人，就打好關係嘛？」。「為什麼？又不是同類？」這才是京都人的真心話。

在均一性極高的日本社會裡，「京都人就是京都人」，他們的心中總存在著「我們是我們，別人是別人」的堅持，這就是京都人的思維模式。

Kyoto Rules

交通篇

購物篇

食物篇

街道篇

詞彙．人際關係篇

生活百匯篇

潛規則40

京都的大學密度是日本第一

京都街景有個不可或缺的元素，那就是大學與大學生。

京都每人平均擁有的大學數量榮登全日本第一名。

京都府境內包含短期大學共有四十七所大學（西元二〇一〇年資料），學生數將近十五萬人。京都市的人口約有一百四十萬人，幾乎佔京都府人口的一半以上，京都大學生的人口佔比相當高。

京都的最高學府是京都大學，俗稱京大。

雖然是無人不知的京都菁英學校，但要想體驗京大培養多位諾貝爾科學獎得主的「自由學風」，就得前往百萬遍十字路口對面的招牌朝聖（反對拆除京都大學對面石牆的學生佔據了此處，並且在此設立了二十四小時的咖啡店，此次的抗議活動被稱為「石垣咖啡」事件），以及每年都會以全新樣貌現身的折田先生像（每年學生們都會偷偷惡搞京大改制前的第三高等學校校長——折田彥市的銅像），或是因弗蘭克扎帕（Frank Vincent Zappa）與湯姆威茨（Tom Waits）曾舉辦過搖滾演唱會而聞名的西部講堂（如今依然散發著無政府狀態的氣氛）。

順帶一提，日本最具歷史性的學生宿舍「吉田寮」（廢棄或改建之間的爭論已持續了一百年之久），也因為是電影《鴨川荷爾摩》裡的一景而聞名。

往西穿過今出川通，在烏丸今出川附近看到成群結黨的年輕人們，就是同志社大學的學生（不過，一、二年級的學生多會待在京田邊市的京田邊學區，也就是靠近奈良的鄉下地區）。若再往西走到北野白梅町附近，沿路往上走到立命館衣笠學園，學生就會越來越多，這處接近金閣寺的校園位於山腰，所以氣溫約比京都中心地區略低一度（二〇〇六年於二条城附近增設朱雀學區）。

除此之外，京都還有許多色彩鮮明的大學，例如許多學生立志成為和尚的龍谷大學，設有漫畫系、電影系的京都造形藝術大學，培育出許多經濟從業人員、搞笑藝人與運動選手的京都產業大學，這些學校的共通之處都是「學生＝京都的特權階級（？）」。走進學生街裡的定食屋，跟老闆說自己是學生，就能理所當然地得到升級大碗的優惠，就算在居酒屋裡喧鬧，旁人也會說：「是學生吧……」而當作沒聽見，而且給學生的優惠方式也非常多樣化。

即便設有期間限定條件，崇尚學術與自由風氣的京都人，還是很歡迎這群將新鮮事物帶進京都的「異端人士（大學生們）」。

如此看來，能在京都享受特權的外地人大概只有和尚與學生吧？

京都的大學也非常歡迎社會人士報名入學，所以從現在開始準備也為時不晚，只要能活用天下無敵的家紋＝學生證，就能堂堂正正地享受學生優惠！在限定期間內享受京都的特權生活也是很特別的經驗喲！

（曾經）矗立於京大的折田先生像
當初是1950年透過學生捐款設立的銅像
但！總是有人喜歡在這座銅像「塗鴉」……
一開始僅止於漆上顏色的程度而已……
慢慢地越來越嚴重折田先生像也因此變得有名……
折田先生
最後，終於在1997年拆除
之後演變成學生們自行製作惡搞的銅像
羅王像
折田先生像
哥魯哥13
天丼人
折田先生
校方不但默許這些行為，甚至頒發創意獎項。或許可以說是繼承了折田先生提倡的「自由學風」！

潛規則 41

知道京女、同女、Dame女是哪些大學的簡稱

Kyoto Rules

京都到處都是顧盼生姿的女子。會讓男性意亂情迷、落入悲慘下場的長坡，就位於清水寺與三十三間堂的東山區。

而這長坡的名字也稱為「美女坂」(onna坂)。這處有著私立京都女子國中、高中、大學(俗稱京女)連綿的長坡，其觀光價值完全不遜於二年坂或產寧坂(?)。

說笑之餘，我們意外地發現京都有很多人是念私立的完全中學。

之所以如此，原因在於京都的高中長久以來都採小學區制的關係(因為「別讓十五歲的春天哭泣」這句口號，政策開始不顧學力高低，直接根據學區發配高中學校)。

後來因為公立高中的學力下滑變成一大問題，越來越多公立高中的學生投往私立高中懷抱。自從改革小學區制度後，完全中學的公立高中也誕生了。京都市堀川高中的「探究科」(此科突然誕生了許多考上京都大學的學生，因此被譽為「堀川的奇跡」)因為在京都府設有全境受測的科別，人氣因而扶搖直上。

接著，讓我們回到正題吧！最能代表京都私立女子學校的，除了位於美女坂的京女，其餘就是同女(同志社女子大學)與Dame女(京都巴黎聖母院女子大學)。

雖然有人揶揄地說：「要交往的話找同女，要援交的話(！)找Dame女、要結婚的話找京女」，但這三所的確是京都無可挑剔的女子貴族學校。

Dame女因為一襲的咖啡色制服，而被取了「蟑螂」這個超失禮的綽號，但其實這是一所血統純正的天主教學校。

同女屬於基督教學校，京女則屬於佛教學校，大學部知名校友有土井多賀子（後來進入同志社大學）與山崎豐子，高中部知名校友則有中村玉緒。

一到迎新時期，這處「美女坂」就會出現其他大學的男學生，在此列隊招募社團新生的光景；平常偶爾也會出現一些拿著相機亂拍的討厭鬼，但幾乎看不到男性在此走動。

就連進入附近的咖啡廳，也只會看到整間屋子都是洋溢著青春氣息的年輕女子。一般人雖然也能搭乘行經京女的「公主線」公車（請參考第二十頁），但校內的巴士站也掛了「除了等候公車，禁止在此公車亭從事其他行為」的招牌。奉勸各位男性，沒事可千萬別在「美女坂」閒晃，否則可是會被當成怪叔叔處理的喔！

京都知名私立女子學校的制服
同志社女子高中
女子學校難得(？)的便服
自由輕鬆的另一面
就是每天得費盡心思搭配服裝
巴黎聖母院（Notre Dame）女子高中
咖啡色的西裝外套
搭配開襟襯衫
深藍色西裝外套搭配領帶
胸口還有校章的刺繡
京都女子高中
國中的水手服
也擁有極高的人氣
小學是以咖啡色為底色，
搭配米色外套
完全是一副小公主模樣的制服！
順帶一提，小學是男女合校

潛規則42

不去宵山，只去宵宵宵山

Kyoto Rules

KONCHIKICHIN（祇園祭的伴奏）、白朮[21]轉啊轉（十二月三十一日舉辦的白朮祭，將火繩轉啊轉，避免繩上的火熄滅）。

如果說，在京都每天都能聽見寺廟佛閣舉辦祭典，那可是一點也不為過。

這也難怪，因為京都什麼不多，就屬寺廟神社最多。

雖然每個宗派的慶典各有特色，但總括而言，很少像博多祇園山笠祭或岸和田的山車祭給人如此陽剛的印象，平常祭典總是彌漫著神聖脫俗又寧靜的氛圍，只有在黃道吉日才會辦得如此盛大。而連慶典都走自己路線才是真正的京都流。

在為數眾多的慶典之中，知名度最高且最特別的就是八坂神社的祭典——「祇園祭」。一般認為，祇園祭在古代稱為祇園御靈會，源自於平安時代八六九年全國爆發瘟疫，為了驅趕瘟疫而舉辦的祭典。

會在電視播放的是十六號的前夜祭「宵山」、十七號的山鉾[22]巡行（原有三十二台參加，二〇一二年後，第三十三台的大船鉾於遊行中復活）。山鉾又被稱為「行動美術館」，上頭裝飾許多華麗的美術工藝品，例如令人讚賞的織錦畫，而且山鉾完全不用釘子，純粹以繩子組裝而成，處處都能展現京都人引以為傲的工藝技術。

不過，到了十六~十七號，祭典場面就會因為湧入大量觀光客而混亂。就如前述觀光季節的賞櫻潮與賞楓潮一般，特地選在人擠人的時候參加祭典絕對是個超級狀況外的決定。

因此，小時候被父母親帶去一堆攤販的宵宵山（十四號，祭典第一天）走走逛逛，向喜歡的山鉾買消災解厄粽，回家時，再被大雨淋溼（據說在祇園祭舉辦期間一定會下雨），然後慌張地大叫「啊，難得的浴衣被淋溼了」——這些就是京都人對祇園祭的共同回憶。

另外還有當地人才能共盛襄盛舉的活動，就是選出遊行隊伍前方，坐在長刀鉾上的稚兒。這些稚兒被認為是神的使者，選拔時，會從適齡的幼兒之中挑選。由於擔任的是神的使者，所以不是每個人都能參加選拔。

選拔標準通常不會事前公開，差不多要到六月左右，報紙與電視台才會公開名單，然後會傳出「誰家的○○被選為稚兒」的消息。被選為稚兒後，各種所需經費加起來，大概得花費超過一千萬日圓。這些花費雖然鋪張，但是家世顯赫的雙親，或多或少都會存有「生男孩的話，就要讓他被選為祇園祭的稚兒」的憧憬。

就如祇園祭的別稱——「鱧祭」，祭典舉辦之際正好是鱧魚最肥美的季節。

若您不打算參加祭典，不妨學學當地人的口吻說：「祇園祭開始了，差不多也到吃鱧魚的季節了」（不過，請您務必記得一件事，祭典的工作人員在祇園祭的時候是不吃小黃瓜的，因為小黃瓜的切口與八坂神社的神紋非常相似）。

我是新木一
住在京都3個月
是京都的超級新鮮人
我沒親眼看過祇園祭耶！
今年一定要去參觀山鉾遊行！
那種擠滿觀光客的活動我家才不去咧
我連宵山也沒去過！
ぺらぺらぺらぺらぺらぺらぺら
咦？宵山？
山鉾遊行的前一天是宵山
再那之前是宵宵山
再前一天，也就是祭典第一天的宵宵宵山
要去的話通常就只去宵宵宵山～
宵山
宵宵山
宵宵宵山？
好像是繞口令啊
嗯…繞口令…
的確…是很像繞口令啦

潛規則43

不說大文字燒而是五山送火

提到京都三大祭，就會想到前面說的祇園祭，以及葵祭與時代祭。葵祭是五月十五號由下鴨神社與上賀茂神社共同舉辦的祭典，宛如重現平安時代優雅又古典的遊行隊伍，令人覺得「這就是京都」。時代祭則是於十月十五～二十三日舉辦，最引人注目的是明治維新到延曆時代的歷代京都風俗與文物遊行；但相較其他祭典，時代祭從明治二十八年才開始舉行，對京都而言只能算是年輕的新祭典。

這種「安靜遊行的隊伍」通常會由打工的大學生組成，《鴨川荷爾摩》這部小說主角們也是在葵祭打工時認識的。不過，最近因為功課忙碌這項理由，前來葵祭打工的大學生越來越少，而取代他們位置的是地方上的志工們。山鉾巡行少不了志工們的協助，這也讓外地人有參與京都祭典文化的機會。只不過京都人個性內斂，除了居家附近的祭典之外，不管是祇園祭還是葵祭都不太習慣參加。若想融入當地社群，首先得從附近的祭典開始

最後，京都特有的夏季風情之一，是盂蘭盆節的「五山送火」。因為東山如意嶽的「大」文字非常有名，所以有人也將五山送火這項活動稱為「大文字燒」，但這種錯誤的稱呼可是會徹底惹惱京都人！大北山的「左大文字」、松之崎西山、東山的「妙」「法」文字、西賀茂船山的「船形」圖案，以及嵯峨鳥居本曼荼羅山的「鳥居」圖案，總共五處山頭，所以「五山送火」成為活動的正式名稱。又不是要放火燒山……，所以絕對嚴禁說錯名稱的喔！

潛規則44

聽廣播會說成聽「α—STATION」而不是「802」

京都人雖然很排斥「大阪」的東西，電視節目倒是具有濃濃的大阪色彩。京都當地的電視台只有KBS京都，其餘就是朝日放送、關西電視台、每日放送、讀賣電視台，這些電視台全部由大阪的公司經營。

但廣播的情況就不太一樣了。當地人最熟悉的廣播電台為「α-STATION」。這個電台俗稱為京都FM，是兜風約會時，在車上絕對要聽的背景音樂，早晨節目主持人佐藤弘樹的磁性聲線與流暢的英文，吸引了不少低調的粉絲。

此外，在熟年年齡層擁有高知名度，並長期在KBS京都廣播電台服務的山崎弘士（目前為資深主播．顧問），暱稱「小山」，其獨特的低沉嗓音與「特殊的九一分線」髮型是最大的特色。

而情報類雜誌也以當地出版較為強勢，例如由在地出版社發行的「Leaf」，以及大阪的京阪神L magazine出版的「SAVVY」都是主流之一。反之，關東方面的雜誌在京都則還不成氣候，例如「Hanako WEST」在二〇一〇年停刊，「關西Walker」也無法與在地雜誌相比擬。

另一方面，京都有許多具有特色的書店，除了大型的全國連鎖店之外，「三月書房」、「惠文社一乘寺店」、「崖書房」這類具有選書特色的小書店，至今仍元氣滿滿地經營著。若想體驗何謂京都風情，就該讀讀在地雜誌或去在地書店逛逛。聽廣播的話，就該聽「α-STATION」的頻道，而不是轉到在大阪極受歡迎的「802」（FM802）！

潛規則45

大家都看過西村衛生小饅頭的廣告

Kyoto Rules

在幼年時期「五花八門」的共通回憶之中，最容易引起共鳴的恐怕是在地的電視廣告。京都的電視廣告通常有點土氣，卻也有著些許的古都風雅。

例如，「西村衛生小饅頭」這支廣告。在三味線的伴奏下，媽媽說：「妳們在做什麼？兩個人快站起來」，「哇，是西村衛生小饅頭耶」、「我最愛吃這個了」，兩名露出開心表情的舞妓說了這番超直白的廣告詞，就是京都電視廣告的風格。另外還有「忠兵衛，沒有墳墓的人生是稍縱即逝的人生[23]吧」這支穿著和服的女性，以憂鬱的口吻對著「河波忠兵衛」墳墓說話的廣告；以及「那傢伙是岩田吧，那傢伙是岩田吧」(許多京都人會把岩田的發音聽成「那傢伙是免費的吧」)這支曲調有如洗腦歌般的「岩田吳服店」廣告，都是京都印象的電視廣告。而廣播的廣告裡，又以「河畔屋蕎麥圈圈餅乾」最有名：「手指可穿過的，蕎麥圈圈餅乾……」，許多人應該都有聽過這支電台廣告(蕎麥圈圈餅乾的孔很小，手指怎麼可能穿得過去)。

「好～～長與您相伴」，仍持續推出話題廣告的是京都人所熟知的京都銀行。二〇一一年十一月，京都銀行總共推出十六個廣告版本，其中包括好～～長的毛巾、好～～長的竹輪、好～～長的御飯糰，這些有趣的畫面頓時洗去京都銀行原本的冷硬感。

京都人常把過去的廣告拿來當話題，但是北山地區北部(左京區、北區與右京區的一部分)收不到KBS京都的訊號，所以聊天時，要注意一下對方來自何處喔！

夏季熱到汗流浹背，
冬季冷到渾身發抖

冷氣普及率全日本第一名——這或許讓您有些意外，不過這的確是京都的狀況（二〇〇九年總務省調查）。是可喜可賀的第一名？不不不，這只是因為京都的夏天就是那麼熱，全年炎熱天數也位居全日本第一（二〇一〇年氣象廳調查）！

因為，京都的夏天來得比其他地區早。早在飄著新綠香氣的五月，悶熱的暑氣就提早來訪，等到七月的祇園祭左右，夏季就正式來臨。由於京都的高樓大廈少之又少，一到日正當中根本就無處可遮蔽，而這就是京都名產的烈日當空照。

濃重到化不開的溼氣籠罩著整條街之外，三面環山的地勢也讓京都密不通風。您若喜歡三溫暖，不用去三溫暖也能每天洗三溫暖（？），但是，假設您天生大捲髮，那可就麻煩了；若您的髮型像是大泉洋這位天然捲的藝人，可要記得先來個離子燙把頭髮燙直喔！

到了冬天，京都就變成四處寒霧籠罩的狀態。雖然不是忽爾大雪紛飛，冷到鼻水都結凍的程度，但回過神來才會發現，寒氣早已滲到體內，簡直像是京都人壞心眼般的自然而然？此外，京都另有被譽為「北山時雨」的名景，時而白日大雨驟下，時而山頭雪花紛飛，住在山腳下，冬天絕不可將棉被曬在戶外，也要記住北部的溫度比市中心低二～三度。

四季變化正是風流之最……或許京都的氣候能如此歌誦，但是就連清少納言[24]也寫了「冬時寒徹骨、夏時暑難當」這些長篇大論來表達不滿，看來也只能繼續忍耐京都的氣候了。

潛規則47

大家都有過「十三歲參拜」後，忍住不回頭的記憶

Kyoto Rules

京都（以及部分大阪地區）除了七五三節[25]之外，還舉辦「十三歲參拜」。舉辦的時間固定是在四月十三日，對象是虛歲十三歲的小孩，目的是希望孩子們可以得到智慧，而京都的舉行地點則為嵐山的法輪寺。

不過重點在於回程。自古傳承下來的規矩是，孩童完成參拜後，若是在回程回頭望，好不容易求得的智慧就會還回去，所以在走過渡月橋之前，不管受到什麼誘惑，也絕對不可回頭看。

因此，總是會有親戚故意在一旁施加壓力地說：「不行回頭喲」、「回頭會變笨蛋喔」，但越是這麼說，小朋友就越是會想回頭看。

如果真的回頭，雙親也一定會告訴小孩，每位親戚家裡或班上，一定要有一個小孩負責回頭看。父母親會告訴小孩：「所以才能這麼聰明地長大啊」，這種英雄事蹟（？）也就是以這種京都式的謊話傳承至今。

另一個京都小孩共同的夏季回憶就是「地藏盆」。這是於八月二十三、二十四號舉辦，專屬兒童的慶典（最近小孩越來越少，所以這項慶典不是改到星期六日舉辦，就是縮短成一天）。

每個鎮在舉辦這項慶典時，傳統上都會在地藏王菩薩（京都鎮上到處都有地藏王菩薩）尊前組設攤位，並擺上鮮花或麻糬這類貢品，一邊念佛一邊「數佛珠」。

念佛的會場通常會設在寺院境內、公寓大樓的集會所、私人車庫，每個鎮各有屬於自己的方式。

其中最令孩子們開心的就是吃甜點玩遊戲與抽福籤這些餘興節目，大人們也藉此機會一起飲酒，培養感情。

若是沒有地藏王菩薩的小鎮，就會向壬生寺借地藏（為了舉辦地藏盆慶典而出借地藏，是根據出開帳儀式26舉辦的傳統活動），但也有某些地區是「沒有地藏王菩薩，所以不舉辦地藏盆慶典」。

正因為京都講究「親近遠疏」的關係，所以不能參加其他鎮的地藏盆（也是因為沒有支付其他鎮的鎮內會費）。

因此，暑假一結束就會出現朋友熱烈討論著地藏盆，自己卻只能呆在一旁無言以對的京都人……因為各種原因，京都的炎炎盛暑就這樣消匿無蹤了。

聽說在十三歲參拜的歸途回頭好不容易求得的智慧就會被收回喔！
邦夫．13歲時
邦夫，回頭會變成笨蛋喔
都是大人了不會做那種事啦
哎呀不用理會親戚
在法輪寺
倒退嚕
倒退嚕
倒退嚕
邦夫！
你在幹嘛！
不是說回頭會變笨蛋嗎？
既然如此一開始就倒退走不就好了
怎樣，我從小就很厲害吧
親戚看到後全部啞口無聲！
……這種個性就是那時候求到的吧
……

潛規則48

能巧妙地耍耍壞心眼才是京都人

久居京都的京都人一直憂心忡忡地說：「最近的年輕人，好像不太愛耍壞心眼了」。雖然不知道他們說的是真還是假，但肯定的是，京都國寶級的名產「壞心眼」正面臨存亡之秋？擁有超過一千兩百年歷史，強烈排斥具有東京、大阪色彩事物的古都京都，也開始築起嶄新的大廈，增加了許多新住民，如此的新陳代謝雖是難擋的時代潮流，但越來越多人不解京都，鄰居之間的來往漸漸減少，彼此溝通的方式也改變不少。

會說：「京都雖好，但麻煩的人際關係令人卻步……」的年輕家庭也越來越多。「麻煩」的人際關係減少，雖然能讓外地人住得更加舒服，但另一面也代表越來越多人不諳京都人際關係的基礎──「壞心眼」。你以為「不懂壞心眼比較好？」的確，壞心眼常被認為是種惡作劇，但實情並非外人想得那麼單純。

因為，壞心眼早已是京都文化的象徵了(!?)

讓我們換個例子解釋吧！相信大家都知道，大阪人的互信基礎建立在裝傻與吐槽上，他們有了解各自扮演角色的默契，當對手裝傻時，立刻吐槽地說：「蛤，你在說什麼傻話啊」。將裝傻的一方說成傻瓜是種疼愛的表現，而這也是大阪人特有的溝通方式。

到了京都，這種情況就會演變成互相吐槽的比賽，「你那雙襪子是哪買的啊？那麼花俏，跟褲子一點都不搭吧？」「話說，你今天的髮型也太奇怪了吧～」，大概會是這類的情景，這種吐槽可說是炒熱氣氛的絕佳對話。不過，要能達到這種境界需要經過修練，必須先培養出「能互相耍壞心眼」的關係。

京都人在外人面前絕對是正經八百的，你是否有覺悟進入他們那愛耍壞心眼到無以復加的世界呢？這也算是一種試煉吧!?

所幸（?）京都人的壞心眼也有歡迎京都初學者的成份。

以下，是真人真事，是某個人第一次到京都茶屋的故事。故事主角聽到舞妓勸酒時說：「再喝一杯如何呢？」主角拿起杯子，手卻不聽話地發抖，於是舞妓在此時說了一句：「今天，很冷吧」——這是發生在盛夏時節，善意的壞心眼的故事。當然，這也需要同席的介紹者幫腔才能成局；這就像在大阪，聽到有人把場子弄冷時，一定要有人立刻幫忙吐槽地說：「真拿你沒辦法耶」。或許只有懂得講反話，才能算是最高級（?）的京都式交流。

因此，某天若能聽到京都人對你說些嗆辣的話，這代表你們之間的關係已逐漸加深，否則他們絕對只會很有禮貌地對你說一些友善的反話。每天鍛練說反話的功力，避免讓壞心眼文化就此斷絕，才是道道地地的京都人。

老公因為工作而來到東京之後
我大概一年會見到婆婆一次
不好意思，這是東京土產希望您不嫌棄這個伴手禮
不會啦
笑咪咪地收下了
雖然一年只有一次卻是非常講禮數的一次
啊……說到伴手禮
去年妳送的甜點裡頭的紅豆餡
笑
咪咪
還真是快甜死人啊
東京的紅豆餡就是這種東西啊？
……這……這次……也會說嗎？
發抖
發抖
我相信這是充滿愛的反話…

潛規則49

一生，只想留在京都終老

Kyoto Rules

「若是待在像東京那樣資訊爆炸的地方，會覺得自己被耍得團團轉。住在離京都市中心有段距離的地方，才是最完美的吧！」

說這話的，是京都名門企業任天堂的董事，也是以開發「超級瑪莉歐」遊戲而聞名遐邇的宮本茂先生。上述是他在某次採訪中，對於「將公司遷到東京是否比較方便」這個問題的回答。接下來他又表示，如果被玩家的意見，也就是是外部的資訊過度干擾，就沒辦法開發出有趣的遊戲了。

宮本先生這番言論如實地揭露了京都人常掛在嘴邊的：「想一輩子待在京都」、「不想離開京都」的心情，也說明了在地風土民情與京都人的個性。可別誤會京都有什麼刺激新鮮的事物，京都既沒有供外國藝人表演的巨蛋，也沒有環球影城或迪士尼這類遊樂園設施，夜晚的霓虹街也極為有限。

不過，「就是這樣才好」。京都人可斷然地如此主張。多餘的東西就是多餘，京都只需要具備京都人喜愛的東西就夠了。比方說：

沒有過多事物與資訊的「恰到好處感」。

舉目皆是從小熟悉的東西所帶來的安心感。

由學生、觀光客、外國人這些「外地人」帶來的適度煩雜感。

因為地窄人稠，想要的東西隨時可得的舒適感。

因此，京都人不太輕易被外部或來自東京的東西所「迷惑」。雖然有時還是會露出「該如何是好？」的表情，但最後還是能堅持初衷。討厭的東西就是討厭，喜歡的東西就是喜歡，嘴上說得委婉，態度上卻是一步不讓。

而且，對拿出手的東西以及外部進來的事物也都抱持著謹慎的態度，為的只是不讓自己珍惜的東西或是專屬自己的領域被攪得亂七八糟……。

他們都認為京都是一輩子的安居之地，絕非「臨時住所」，所以他們才如此堅守著人際關係、各項風俗與傳統，雖然口中叨念著「好麻煩啊」，卻總是一副樂在其中的模樣。簡言之，他們背負著這份甜蜜的負擔之餘，卻又若無其事地自豪自己有必須守護的事物。

不對，正確來說，就是因為有著這般圍籬與制約，才能讓京都因為身為「首都」而繁榮；在食材不足的情況下誕生的京料理也是如此；在季節變化嚴峻之中，讓食材更為美味的醬菜技術以及隨季節推出的甜點也是如此；在這塊地方誕生的多數創投企業更是如此。

俗話說：「住就住在首都」。而且對京都人來說，「首都」只能是京都。除此之外哪裡都不去，也不想去。所以，想成為京都一份子的外地人才會被追問：「你，做好一生都留在京都的打算了嗎？」

在東京找到工作後，總算回到京都
哇，好懷念喔
我們還是學生的時候約會結束前總是來鴨川
總是像那樣聊天聊個不停
……是啊！
要是我們倆個每天都能來這裡就好了
咦
心動
突如其來的求婚
啊！如果生了小孩可別教他奇怪的京都腔
否則回到這裡之後可是會被當成笨蛋的
果然還是想回來京都啊……

註釋

1. 應仁之亂：從室町時代的應仁元年（一四六七年）延燒至文明九年（一四七七年），長達十年的日本內亂，主因是為了爭奪第八代將軍足利義政的繼承權。
2. 和服店。
3. 顏色淡、含鹽量高的醬油。
4. 東京出身，卻在京都念書的人。
5. 相撲力士資格的最高階級。
6. 天皇的居所。
7. 原文為お揚げさん。油豆腐的日文為油揚げ，京都人為求尊稱，將「油」改成「お」（御）的敬詞，又在後面尊稱「さん」（如同中文敬詞的先生）。
8. 源自日本平安時代，含有日本禪宗的精進精神。類似素食料理。
9. 日本新年期間吃的年糕湯。
10. 日本官制之中的前五名官位。
11. 日語下跪之意。
12. 日文原文為泣くよ，發音為NAKUYO，與平安京建造的年代西元七九四年的發音相同。
13. 西元三百年到六百年，因統治者大量營建古墳而得名。
14. 屋子前方的土地。
15. 意思是將滋賀人當成鄉巴佬看待。
16. 書名原文《おひとり京都の秋》。
17. 「英雄配美人」的意思。東男指關東一帶，具有英雄氣概的江戶男子，京女則是指兼具美麗外貌與優雅氣質的京都女孩。
18. 原指隨侍天皇兩側的女官所使用的詞彙，可說是宮中所使用的專屬詞彙，如今只剩部分的寺廟還在使用。
19. 類似相聲的一種民俗表演。
20. 阿吽為佛教咒文（真言）之一，阿為開口發聲的第一個音，吽為閉口的最後一個音，被認為是代表宇宙的最初與最終的詞彙，經過轉化後，成為日文裡無須多言、默契極佳的意思。
21. 一種火繩。
22. 類似台灣的藝閣，又稱花車，裝飾非常華麗，非常具有藝術價值。
23. 沒有墳墓是日文稍縱即逝的諧音，藉此作為廣告台詞的賣點。
24. 平安時代的女性作家，以隨筆「枕草子」聞名。
25. 祈求三歲、五歲、七歲孩童平安長大的節日。
26. 掀開平常擋在神佛面前的「帳」，讓信眾有機會參拜的儀式。

參考文獻

《京都な暮らし》入江敦彥著　幻冬舍文庫
《やっぱり京都人だけが知っている》入江敦彥著　洋泉社文庫
《怖いこわい京都》入江敦彥著　新潮文庫
《イケズの構造》入江敦彥著　新潮文庫
《おひとり京都の秋》柏井　壽著　光文社新書
《京料理の迷宮》柏井　壽著　光文社新書
《歴史で読み解く！京都の地理》正井泰夫監修　青春出版社
《祇園のしきたり》渡邊憲司監修　青春出版社
《京都人は変わらない》村田吉弘著　光文社新書
《京都をてくてく》小林由枝著　祥傳黃金文庫
《京都でのんびり》小林由枝著　祥傳黃金文庫
《ナマの京都》グレゴリ青山著　メディアファクトリー
《しぶちん京都》グレゴリ青山著　メディアファクトリー
《京都の大路小路》森谷尅久監修　小學館
《鴨川ホルモー》萬城目學著　角川文庫

*其他請參考各公司、團體官網。本書由各位京都有緣人的寶貴意見與想法寫成，非常感謝各方協助。

國家圖書館出版品預行編目(CIP)資料

別傻了 這才是京都 / 都會生活研究專案著著；許郁文譯·── 初版·── 新北市：遠足文化，西元2015.09 ──（浮世絵；1）譯自：京都ルール
ISBN 978-986-92081-2-3（平裝）

1. 人文地理 2. 日本京都市

731.752185　　104015257

浮世絵01──京都

別傻了 這才是京都

單車・白味噌・五山送火～
49個不為人知的潛規則

作者　都會生活研究專案
譯者　許郁文
總編輯　郭昕詠
責任編輯　賴虹伶
封面設計　霧室
排版　健呈電腦排版股份有限公司

社長　郭重興
發行人兼
出版總監　曾大福
出版者　遠足文化事業股份有限公司
地址　231 新北市新店區民權路 108-2 號 9 樓
電話　(02)2218-1417
傳真　(02)2218-8057
電郵　service@bookrep.com.tw
郵撥帳號　19504465
客服專線　0800-221-029
部落格　http://777walkers.blogspot.com/
網址　http://www.bookrep.com.tw
法律顧問　華洋法律事務所　蘇文生律師
印製　成陽印刷股份有限公司
電話　(02)2265-1491

初版一刷　西元 2015 年 9 月
Printed in Taiwan